LES

CHARTES DE FONDATION

DU PRIEURÉ DE

BACQUEVILLE-EN-CAUX

ÉTUDE CRITIQUE

PAR

L'Abbé SAUVAGE

ROUEN

CH. MÉTÉRIE, Libraire-Éditeur,

11, rue Jeanne-Darc, 11.

1882

LES CHARTES DE FONDATION

DU

PRIEURÉ DE BACQUEVILLE

CHARTES DE FONDATION

DU PRIEURÉ DE

BACQUEVILLE-EN-CAUX

ÉTUDE CRITIQUE

PAR

L'Abbé SAUVAGE

ROUEN

CH. MÉTÉRIE, Libraire-Éditeur,

11, rue Jeanne Darc, 11.

—

1882

Dans la préface modeste d'un ouvrage qui ne l'est guère, l'auteur de l'Essai historique sur les Martel de Basqueville et sur Basqueville-en-Caux « se flatte que « la critique lui tiendra compte de la somme de travail « persévérant que représentent, si modestes qu'ils soient, « les résultats obtenus. »

Lorsque le satirique Horace réclamait le droit d'user des licences poétiques, il commençait par l'accorder aux autres :

Scimus : et hanc veniam petimusque damusque vicissim.

Pour avoir droit à l'indulgence, il faut savoir être indulgent.

Est-ce le cas d'un écrivain qui, quatre-vingt-dix-huit fois en moins de deux cent vingt-cinq pages, émet la prétention de redresser ses devanciers, les gourmandant à l'occasion dans un style acerbe et gouailleur (1), qui partout serait déplacé, mais qui l'est bien plus encore dans une œuvre d'érudition.

Les résultats obtenus par De la Roque, le P. Anselme, Dom Pommeraye, Farin, les doctes compilateurs du Recueil des Historiens et de la Gallia Christiana ; par nos contemporains, MM. Floquet, Deville, l'abbé Cochet, Charles de Beaurepaire, l'abbé Tougard (2), M. Hardy,

---

(1) Qu'on nous pardonne cette épithète dont la trivialité seule peut rappeler avec justesse le ton de certaines notes de *l'Essai sur les Martel* et des *Cronicques de Normendie.*

(2) *L'Essai sur les Martel* est particulièrement sévère pour la *Géographie de la Seine-Inférieure,* de MM. Bunel et Tougard. On se l'explique difficilement quand on sait que les épreuves de la partie de cet ouvrage qui concerne Bacqueville ont été, avant

voire même Guilmeth, qui, malgré ses erreurs nombreuses, aura toujours le mérite d'avoir popularisé le goût de l'histoire locale et frayé le chemin dans un temps où les recherches étaient moins faciles qu'aujourd'hui (1); tous ces ouvrages, dont plusieurs sont de véritables monuments, qui intéressent toute la France, ou toute la Normandie, ou pour le moins tout le diocèse de Rouen ; tout cela ne représente-t-il pas « une somme de travail « persévérant considérable ? »

Et cependant, M. Hellot s'est cru permis dans son livre, non-seulement de trancher les questions et de donner tort aux maîtres avec une hardiesse singulière chez un débutant, mais d'affecter envers les pionniers de la science un ton de supériorité, quelquefois même de dédain. « Ce sont là (pour nous servir de ses propres « expressions) les inconvénients ordinaires d'une éru- « dition de fraîche date (2), abandonnée à ses seules « forces, et, par suite, trop... sûre d'elle-même. »

l'impression, soumises à M. Hellot, et qu'on a tenu compte de ses observations, sauf en ce qui concerne le second incendie de 1723, fait qu'il refuse d'admettre (*Essai* p. 344, note 789) mais qu'attestent positivement les comptes de la Fabrique de Bacqueville de 1749 à 1754, où il est question d'une rente de 81 *l.* 10 *s.* qui a cessé d'être payée « à cause que le fond qui les doit a été entièrement détruit « dans l'incendie arrivé en 1723.... » La date ne varie jamais, bien que le compte soit chaque année l'œuvre d'un trésorier différent.

(1) C'était l'époque où un heureux hasard faisait découvrir à M. Deville, « enfouies dans la poussière du dépôt public où notre « première révolution les avait jetées, » les archives précieuses des châteaux de Gaillon et de Tancarville.

(2) Un autre inconvénient, c'est l'abus que fait l'écrivain des documents d'origine judiciaire.

Nous n'avons jamais bien compris quel plaisir trouvent certains hommes à fouiller avidement les tas d'ordure morale entassés depuis des siècles dans les greniers des tribunaux ecclésiastiques ou civils, pour en extraire des immondices qu'ils puissent jeter à la face du passé.

Que prouvent de tels arguments ? Qu'en tout temps on châtia le vice. Mais ensuite ?...

Est-ce aux greffes de nos cours d'assises qu'il faudra demander un jour ce que fut le dix-neuvième siècle ?

Cette tendance déplorable à toujours croire à priori que les autres se sont trompés, a égaré le correcteur lui-même.

Peut-être, après avoir constaté dans ces pages combien l'erreur est facile, même à celui qui ne cultive qu'un modeste petit coin, l'historiographe des Martel comprendra-t-il qu'il est peu juste de se montrer si sévère pour ceux qui, plus vaillants ou plus laborieux, ont abordé l'immense territoire de notre histoire nationale, ou entrepris de défricher les domaines, déjà bien vastes, de l'histoire provinciale et de l'histoire diocésaine.

Pour nous, ce n'est pas sans tristesse que nous livrons à la publicité des pages qui paraîtront dures.

Il eût fallu, pour nous y décider, autre chose que le désir de signaler quelques erreurs dans un ouvrage estimable du reste ; mais nous avons cru nécessaire de mettre le lecteur en garde contre un ouvrage dont les tendances ne se dissimulent pas assez sous l'appareil scientifique qu'il revêt et dont plusieurs pourraient être éblouis.

Et nous croyons qu'après nous avoir lu, on conviendra volontiers que l'historien des Martel ne s'est pas assez souvenu qu'en fait de preuves historiques, il faut peser et non compter.

Ectot, lundi 6 Novembre 1882,
Fête de Saint-Léonard.

LES CHARTES DE FONDATION

PRIEURÉ DE BACQUEVILLE

L'AUTEUR de l'*Essai historique sur les Martel de Basqueville* a cru pouvoir résumer en ces termes l'histoire des origines et des premières vicissitudes du prieuré de Bacqueville-en-Caux :

« Sans fournir de preuves, M. Vitet attribue au prieuré de Basqueville une origine carlovingienne.

« Si ce prieuré ne dut pas son premier établissement à Nicolas de Basqueville, celui-ci en fut tout au moins le restaurateur après les invasions normandes.

« Les moines de l'abbaye du Pin sont les plus anciens possesseurs, authentiquement connus, du prieuré de Basqueville ; mais d'autres religieux l'avaient occupé auparavant : la charte de 1133 en fait foi, encore bien qu'elle ne les désigne pas nominativement.

« Peut-être ces primitifs habitants du prieuré étaient-ils des moines de Fontenelle (Saint-Wandrille), car la célèbre abbaye possédait encore, en 1133, certains revenus à Basqueville.

« Les moines du Pin conservèrent peu de temps la possession du prieuré ; en effet, dès 1130, Guillaume Ier Martel en faisait donation à l'église ou abbaye de Saint-Sauveur de Tyron, au diocèse de Chartres.

« L'abandon de l'église de Sainte-Marie de Basqueville (tel était alors le nom du prieuré), fut peut-être décidé ou conclu lors d'un voyage qu'y fit le premier abbé du Pin, Guillaume *de Forgiis*, à l'époque de la fondation de l'abbaye de Mortemer-en-Lyons.

« La restitution du prieuré de Basqueville par les moines du Pin eut lieu devant l'archevêque de Rouen, Hugues d'Amiens, comme celui-ci le déclare dans sa charte de 1133.

« Si l'on en croyait T. Duplessis, l'abandon aurait été consenti, en 1133, d'abord au profit de Hugues lui-même, qui aurait transmis le prieuré au chapitre de la cathédrale de Rouen; et M. l'abbé Cochet, qui place ces mêmes incidents en 1131, ajoute que, sur la protestation de Guillaume Martel et de l'abbaye de Saint-Wandrille, le pape aurait procédé à l'annulation de la libéralité faite par l'archevêque; mais je n'ai pas trouvé trace de ces complications (1). »

Telles sont les conclusions que nous avons trouvé utile de soumettre à un nouvel examen, dans le triple but : 1° D'apporter plus de lumière sur un point intéressant de notre histoire ecclésiastique; 2° D'empêcher la propagation d'erreurs nouvelles, qui peut-être seraient admises avec d'autant plus de facilité que leur auteur émet la prétention de corriger les anciennes erreurs; 3° De déblayer le terrain sur lequel nous nous proposons d'élever à notre tour un modeste monument à l'honneur de Bacqueville (2).

Exposons le plan bien simple que nous suivrons dans cette étude :

Après avoir dressé le catalogue exact des chartes relatives aux origines et aux premiers développements du

(1) *Essai historique*, pp. 247-249.
(2) *Histoire populaire du bourg de Bacqueville-en-Caux* (sous presse).

prieuré, nous en présenterons un texte aussi complet et aussi pur que le permettront les sources où nous avons pu puiser; nous en discuterons d'abord l'authenticité, puis la date et la valeur.

Nous nous efforcerons ensuite, par une étude attentive et comparative de ces textes, d'en pénétrer le sens et d'en extraire la substance.

Nous concluerons enfin à notre tour.

I.

DANS le passage précédent de l'*Essai sur les Martel*, il est fait trois fois allusion à la date de 1133 : D'autres religieux, dit l'auteur, avaient occupé Basqueville avant les Cisterciens du Pin, « *la charte de 1133 en fait foi ;* » peut-être étaient-ce les moines de Saint-Wandrille, car l'abbaye « possédait *encore en 1133* » certains revenus à Basqueville; les religieux du Pin renoncèrent au prieuré en présence de Hugues d'Amiens, « comme celui-ci le déclare *dans sa charte de 1133.* »

Le lecteur tenté de croire qu'il ne s'agit ici que d'un seul et même document serait à coup sûr excusable : il se tromperait cependant. L'auteur veut parler de deux chartes : l'une attribuée à Guillaume Martel, premier du nom, seigneur de Bacqueville; l'autre à l'archevêque Hugues d'Amiens; et c'est dans la dernière qu'il est question des moines de Saint-Wandrille.

Ensuite sont citées, dans les pages suivantes (1) : Une autre charte du même Guillaume Ier Martel, reportée à

____

(1) De 249 à 256.

1130 ; une, sans date, de Guillaume de Saint-Ouen, supposée antérieure à 1133 ; une, également non datée, de
Rotrou de Warwich, archevêque de Rouen, sans attribution plus précise ; trois de Guillaume II Martel, en 1188,
1192 et 1201 ; une de Alain Martel, de 1250 ; et une de
Guillaume III Martel, de 1300.

En tout dix chartes relatives aux origines du prieuré,
provenant de trois dépôts : La Bibliothèque Nationale de
Paris, les Archives d'Eure-et-Loir et les Archives de la
Seine-Inférieure.

1° A la Bibliothèque Nationale de Paris, sous la cote
10107 du Fonds Latin (Mss), se trouve *une copie moderne
et défectueuse* (1) de l'ancien cartulaire de l'abbaye de Tiron.
Cette copie ne fournit que les chartes que nous donnerons tout à l'heure sous les numéros I, II, III, IV et V.

2° Les mêmes chartes se retrouvent aux archives d'Eure-
et-Loir, dans le vieux cartulaire de l'abbaye de Tiron,
dont l'archiviste, M. Lucien Merlet, (à l'heure même où
nous écrivons), poursuit la publication ; mais ces pièces
n'y figurent qu'à l'état d'additions relativement modernes,
*et sans aucun caractère d'authenticité. Les feuillets où elles sont
copiées ont été ajoutés après coup, et l'écriture est du XVIe siècle* (2),
époque où en effet les moines de Tiron paraissent avoir
fabriqué bon nombre de chartes fausses, pour remplacer
sans doute celles qui s'étaient perdues dans les désordres
de la guerre de Cent Ans et des guerres de religion (3).

Ajoutons cependant qu'aucune intention de fraude n'apparaît dans les pièces dont nous nous occupons : *l'écriture*

(1) Lettre de M. L. Delisle à l'auteur, 1er Octobre 1882.
(2) Lettre de M. Lucien Merlet, 19 Sept. 1882.
(3) *Biblioth. de l'Ecole des Chartes*, 3e série, tome V.

est bien du XVIe siècle, mais franchement du XVIe (1), et le copiste n'a cherché nullement à faire croire à l'antiquité de l'acte qu'il transcrivait.

3° C'est surtout aux Archives de la Seine-Inférieure que se trouvent les documents que nous avons à étudier ; on y trouve un certain nombre de liasses concernant Bacqueville, mais deux seulement parmi elles intéressent le prieuré.

La première, cotée D 194, ne renferme qu'une pièce, mais une pièce fort importante. C'est l'original même de la charte de Hugues d'Amiens, en date de 1133 (Ch. I).

En D 195, se trouvent des copies assez nombreuses de cette charte et des neuf autres que nous avons énumérées. En comparant à ces copies, et aux textes de Chartres et de Paris, les citations employées dans les Notes de l'*Essai sur les Martel*, nous avons constaté que son auteur s'est attaché servilement aux copies rouennaises : nous le regrettons pour lui.

Toutes les copies de Rouen paraissent dérivées de celle que nous allons décrire.

C'est un cahier de parchemin comprenant plusieurs feuillets, d'une écriture du XVIIe siècle, assez lisible au début, mais qui se gâte vers la fin, où le copiste semble avoir voulu épargner à la fois le temps et le parchemin.

On trouve dans ce cahier :

1° Copie, dans l'ordre suivant, des chartes I, II, IV, V et III.

2° Présentation par Guillaume VIII Martel (20 juin 1401) de Robert « d'Innemeauville (2) » à la chapelle de Saint-Léonard « estant en son chastel de Basqueville » ; malgré

---

(1) Lettre du même, 8 Nov. 1882.

(2) Probablement d'In:onville (aujourd'hui Saint-Vigor).

l'opposition du prieur, Dom Michel Auchier, qui veut bien, il est vrai, en donner main-levée « quant à ceste fois seulement » sans préjudicier à l'avenir.

3° Attestation, dans les termes suivants, de l'authenticité des pièces qui précèdent :

Ces présentes ont estés collationnées à leurs originaux par moy Jacques Marion, tabellion iuré, commis et estably en la chastellenie de Tyron, lesquelles ont esté tirées et extraictes d'un vieux livre estant en Parchemin, *nommé le vieux Cartulaire de l'Abbaye de Tyron, folio quattre vingt six, sept, huict et neuf, iceluy estant au trésor de la dicte Abbaye de Tyron, qui pour ce faire m'a esté représenté par Reverend Père Dom Cyrille Godin, Prieur de la dicte Abbaye de Tyron, iceluy livre estant* couvert de gros parchemin, relié sain et entier ; *pourquoy foy sera adioustée à ces présentes tout ainsy comme aux dicts originaux : et après les dictes collations faictes, ay remis le dit livre es mains du dict Reverend Pere Prieur pour estre remis au dict trésor. Faict ce vingt neufiesme iour de iuillet ; l'An Mil six cent trente huict, en presence de noble homme M⁰ Francois Courtin, licentié es droicts, Advocat en Parlement, Bailly du dit Tyron, de Jean Bonnet, marchand, demeurant à Tyron, tesmoings, qui ont signé.*

Cyrille Godin, F. Courtin, J. Bonnet, Marion,
tous chaquun un paraffe.

4° Copie des chartes V et VIII.

5° *Vidimus* par Hugues Aubriot « garde de la prevosté de Paris, » des chartes VII et IX, qui suivent (19 fév. 1371.)

6° Nouvelle attestation de Jacques Marion, dans les mêmes termes, sauf la variante que voici :

.... *lesquelles ont esté extraictes d'un vieux livre* estant en papier, sans couverture, *nommé l'un des vieux Cartulaires de l'Abbaye de Tyron, folio trente quattre, trente six et trente sept estant au trésor de la dicte abbaye, qui pour ce faire...* (même date.)

Ce vieux cartulaire en papier, sans couverture, paraît perdu ; l'incorrection des copies qui en ont été extraites donne à penser que, dès 1636, il devait être en bien mauvais état. Nous n'avons aujourd'hui aucun moyen de contrôler ces textes, ni de les corriger, sinon par conjecture.

Il est une charte importante qui ne figure point dans les copies de Jacques Marion ; aussi ne provenait-elle pas du chartrier de Tiron, mais de celui des Martel, comme nous le verrons en son lieu. C'est la fameuse charte de Guillaume Ier Martel, du 2 mai 1133, que nous classons sous le n° X, malgré sa date reculée, pour des motifs que l'on appréciera.

Elle est représentée au dossier qui nous occupe (D 195) par une simple copie sur papier, des plus fautives, malgré l'attestation minutieuse de son authenticité par M^{tre} Jehan Dedun, « tabellion en la sergenterie de Bacqueville, » attestation corroborée par la double apposition, non-seulement de son seing manuel, mais de celui de « Damoi- « selle Marguerite Martel, sœur et procuratrice de messire « Charles Martel, chevalier, seigneur et chastelain dudit « Basqueville (17 avril 1626). »

En résumé nos sources se réduisent :

1° A l'original de la charte n° I ;

2° Pour les chartes I, II, III, IV, V, au vieux cartulaire de Tiron sur parchemin, aujourd'hui conservé aux Archives d'Eure-et-Loir et dont paraissent dériver directement le Ms. latin 10107 de la Bibliothèque Nationale de Paris et les copies gardées à Rouen.

Nous avons d'ailleurs déjà dit que le vieux cartulaire lui-même, dans les parties qui nous concernent, ne remonte qu'au XVIe siècle ;

3° Pour les chartes VI, VII, VIII et IX, seulement aux copies, beaucoup trop défectueuses, des Archives départementales de la Seine-Inférieure ;

4° A la copie, conservée aux mêmes archives, de la charte n° X.

C'est avec ces seules ressources que nous allons essayer d'établir un bon texte de nos chartes, d'en déterminer la date et d'en discuter la portée.

II.

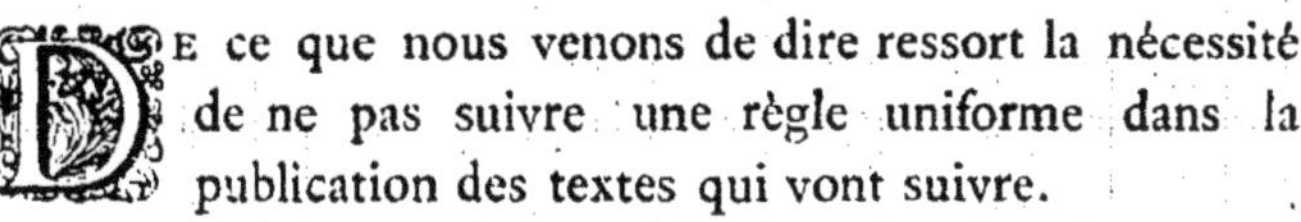

E ce que nous venons de dire ressort la nécessité de ne pas suivre une règle uniforme dans la publication des textes qui vont suivre.

1° Nous devrons respecter dans la charte I, dont nous avons l'original, jusqu'aux bizarreries les plus étranges de l'orthographe, nous bornant seulement (pour des raisons typographiques) à traduire les abbréviations, et à inter-préter en note quelques mots dont la lecture pourrait sembler difficile à des lecteurs inexpérimentés.

2° Le cartulaire des Archives d'Eure-et-Loire nous a paru assez correct pour être reproduit de même sans aucune modification ; nous y joignons cependant les variantes du Ms de Paris, exprimé par la lettre P, et de la plus ancienne copie rouennaise désignée par la lettre R. Ce procédé s'appliquera aux chartes II, III, IV et V.

3° Pour les chartes VI, VII, VIII et IX, le texte des copies est si défectueux qu'il nous paraît indispensable de le donner, non tel qu'il est, mais tel qu'il semble avoir dû être ; en ayant soin, lorsqu'une correction aura paru néces-saire, de donner toujours en variante la leçon de la copie.

Enfin, dans la reproduction de la charte X, nous apporterons le même soin, la même exactitude que pour la charte I ; le nombre et l'énormité des bévues dont elle est semée nous semblant caractéristiques.

Il est de notre devoir de remercier ici de leur bienveil-
lant concours MM. Léopold Delisle, le savant maître,
qu'il suffit de nommer ; Lucien Merlet, le sagace éditeur
du cartulaire de Tiron ; Charles de Beaurepaire, qui a
déjà rendu à l'histoire de Bacqueville des services dont le
public aurait droit d'être mieux instruit. Ces illustres
représentants de notre Ecole des Chartes se sont donné la
peine de réviser pour nous eux-mêmes les textes provenant de leurs dépôts respectifs.

CHARTES.

1° D'après l'original conservé aux Archives de la Seine-Inférieure.

I.

CHARTE DE HUGUES D'AMIENS, ARCHEVÊQUE DE ROUEN.

(1133)

Hugo (1), Dei Gratia Rotomagensis Archiepiscopus,
Willelmo, Venerabili Abbati de Tyron, eiusque successoribus canonice sustituendis ¹ in perpetuum.

Ad nostrum pertinere dinoscitur ² officium loca Deo dicata sub
protectione Sancte Matris Ecclesie suscipere, eorumque bona sibi
canonice à fidelibus collata nichilominus ³ Episcopali auctoritate tueri

---

(1) Hugues d'Amiens, archevêque de Rouen de 1130 à 1164, était
d'une famille illustre. Il fit ses études à Cluny, où il se lia d'amitié
avec le célèbre fondateur de Clairvaux, S. Bernard, qui entretint avec
lui un commerce de lettres dont plusieurs nous sont parvenues.

Notre prélat composa un certain nombre d'ouvrages qui ont été

et roborare. Weruntamen [4] oblationes fidelium, que pretia peccatorum esse noscuntur, a nemine licitum est tangi, nec ad alios usus preter eos quibus assignate sunt aliquos inde fas est perfrui. Ceterum, de religione et bona vestra conversatione gratulantes, que pie requiritis congruum vobis duximus concedere, iustisque vestris postulationibus assensum prebere.

Ecclesiam itaque sancte marie de baschevilla, cum his que ad eam pertinent, et VI acras terre, vobis concedimus. Nec illud concessioni nostre nocere debet quod monachi de Pinu eandem [5] ecclesiam aliquando habuerunt atque ibidem aliquandiu commorati sunt : Idem [6] namque Monachi iam dictam ecclesiam locumque illum Willelmo Martel in presentia nostra reddiderunt, et inde sibi quod vellet facere permiserunt.

Concedimus vobis preterea ecclesiam sancti petri de baschevilla, cum universis sibi pertinentibus, salva parte monachorum sancti Wandregisilli ; et Ecclesiam sancti iohannis de Winbeleuilla, cum omnibus que ei pertinent ; et duas garbas de decima feodi Gautarii Prefecti ; duas quoque garbas de feodo bartholomei, filii Gautarii, quod tenet de Gisleberto de Tillio ; et unam acram terre vobis similiter concedimus, et duas garbas de feodo huberti de Tudela ; et de feodo Willelmi Nani duas garbas ; et de feodo Willelmi Recucion, quod habet apud Abbemont, duas garbas ; et de feodo Ricardi de Grociet [7], quod tenet de Rogerio de Guitot [8], duas garbas ; De feodo vero Gaufridi de Fagerlanda, quod tenent herluinus et Gislebertus de baudretot, duas garbas ; et unam acram terre et duas garbas de feodo Rogerii, filii haumundi [9] ; De feodo etiam Gisleberti de Tillio, quod tenet Gislebertus Malvaslet [10], duas garbas et unam acram terre ; Sed et de feodo Willelmi Geroart duas garbas ; et de terra Gisleberti gramatici duas

publiés par DD. Martène et d'Achery et réimprimés de nos jours dans la précieuse *Patrologie Latine* de M. l'abbé Migne (Tome CXCII).

Ses diplômes (en dehors bien entendu des expressions juridiques et des néologismes nécessaires pour désigner des droits ou des objets nouveaux) se distinguent par une latinité ample et majestueuse, qui fait trouver bien singulière la boutade de l'auteur de l'*Essai sur les Martel* à propos de « ces titres rédigés dans une langue que l'une des « parties connaissait mal et que l'autre ne connaissait pas du tout « (p. 253). »

Cette réflexion se produit précisément à l'occasion de la charte précédente : qu'on en relise le début, et qu'on juge.

garbas ; De terra quoque Radulfi Prepositi duas garbas ; et de feodo Waulterii [11] rufi duas garbas ; et de feodo Roberti de Germundivilla duas garbas ; et de feodo Radulfi de Winbelcuilla duas garbas ; de hamel vero Gisleberti de Cornevilla duas garbas ; et de terra Radulfi de Busseio duas garbas ; et de terra Roberti Carpentarii duas garbas ; et de Willelmo de Petravilla, de xx acris terre, duas garbas.

Preterea, ea que Willelmus Martel et fratres sui, mater quoque sua et coniunx [12] filiique sui, dederunt et concesserunt vobis ad opus monachorum ceterorumque fratrum(1) in ecclesia beate marie de baschevilla domino [13] assidue servientium, et nos concedimus, firmaque vobis et illibata deinceps perpetuo possidenda sanccimus [14] manere [15] ; videlicet : de proprio dominio suo xx acras terre, quarum una est in prato ; Boscum etiam Essarti ; et viridarium sicut aqua currebat [16] ; et terram vivarii [17] usque ad fossetum ; et curiam edificii usque ad viam molendini ; et ut in eodem molendino annonam suam quiete molant post bladum quod ingranatum fuerit. Decimam autem nummorum suorum quos in normannia ipse Willelmus in redditibus habuerit, et in anglia de censu ; et decimam sui victus qui non fuerit emptus de denariis decimatis et apud Baschevillam expendetur ; et duo modia vini ad Rothomagum pariter vobis concedimus. Ceterum boves monachorum in dominicis pascuis cum bovibus domini quiete pergant.

Dedit et Nicholaus de Osouilla unam acram terre ; et Robertus de Mag[na]villa [18] unam acram terre ; sed et Gislebertus de Hotot quinque acras terre, et Willelmus de Warinvilla duas. Werumtamen quecumque in presentiarum canonice possidetis, vel deinceps iustis modis adipisci poteritis, firma vobis et stabilia permaneant, salvo Sancte Rothomagensis Ecclesie jure episcopali, et consuetudine iuste servata parrochiali.

Cunctis igitur vobis ista servantibus sit pax Domini Nostri Ihesu X[i], quatinus et in presenti fructum bone actionis percipiant et in futuro premia eterne pacis inveniant. Amen. Amen.

Actum est hoc anno ab incarnatione Domini m° c°° xxx Tercia,

(1) *Ceterorumque fratrum...* non pas *d'autres religieux*, mais les *frères lais*, plus particulièrement chargés des travaux extérieurs et manuels, et, pour cela, distingués ici des *moines*, qui remplissaient plus particulièrement le grand office de la prière, et s'appliquaient surtout à l'étude et à l'enseignement.

Regnante Rege Francorum Ludovico, principante in Normannia **Rege**
Anglorum henrico, Pontificatus vero nostri anno iiij°

+ Ego Hugo, Rothom Archieps. ss.
+ Ego Walterus, Abbas Sci Wandreg. ss.
+ Ego Gaufridus, Archidiaconus, ss.
+ Ego Rogerus, Archidiaconus, ss.
+ Ego Fulbertus, Archidiaconus, ss.

VAR. (1) ¹ substituendis — ² dignoscitur — ³ nihilominus — ⁴ Verumtamen — ⁵ eamdem — ⁶ Iidem — ⁷ R Grontis — ⁸ R quitto
— ⁹ R Aumundi — ¹⁰ R Malvallet — ¹¹ R Gautarii — ¹² conjux —
¹³ R deo — ¹⁴ sanximus — ¹⁵ R deinceps sanximus possidenda manere —
¹⁶ *id est* secus decursus aquarum — ¹⁷ R *male* vinarii — ¹⁸ *Hic in*
pergameno exigua lacuna ; superest modo Mag..villa.

OBSERVATIONS

Nous cherchons vainement quelles objections un peu
sérieuses pourraient être produites contre la charte
qu'on vient de lire. La date offre pourtant deux légères
difficultés :

1° Hugues d'Amiens ne fut consacré que le 14 septembre 1130(2), comment donc a-t-il pu écrire : « L'an de
« l'Incarnation du Seigneur 1133... et de notre pontificat
« le *quatrième* ? »

La contradiction disparaît si l'on · veut bien se rappeler
que l'élection de l'abbé de Reading à l'archevêché de
Rouen remontait déjà loin lors de sa consécration. On

(1) Le texte de cette charte se retrouve en C, en P et en R ; il nous
a paru inutile d'en reproduire les variantes, insignifiantes du reste,
surtout pour le Cartulaire, dont la copie est très bonne et entièrement
conforme à l'original, ce qui établit une présomption favorable pour
les textes qui vont suivre.

(2) Rob. de Torigny, ad ann. 1130. — Ed. L. Delisle, I, 183.

connaît une lettre du chapitre de Rouen au pape Honorius II, à propos de cette élection, qu'on le prie de ratifier (1); or, le pape Honorius mourut et fut remplacé dès le 14 février 1130 (2); lors même qu'on admettrait que la lettre partit de Rouen seulement après le décès du pontife, avant que cette nouvelle eût eu le temps d'y parvenir, il serait impossible d'admettre que le choix du chapitre fut postérieur au 30 mars suivant, c'est-à-dire, d'après la coutume de ce temps, au renouvellement du millésime, qui avait lieu le jour de Pâques.

Soit donc qu'on place l'élection dans les derniers mois de l'année précédente ou dans les premiers de celle-ci, elle aura toujours eu lieu en 1129 (vieux style); et c'est en effet la date que lui assigne une chronique inédite de l'abbaye de Saint-Wandrille (3).

Il s'ensuit : Premièrement que l'année 1133 était bien réellement la quatrième année du pontificat de Hugues; en second lieu qu'à la rigueur on peut attribuer notre charte aux premiers mois de l'année 1134 (nouveau style).

2° La seconde difficulté se rattache à la souscription qui suit immédiatement celle de l'archevêque; « Ego Walterus, « Abbas Scti Wandregisili, ss. »

On sait qu'Alain, ou Allain, abbé de Saint-Wandrille, élu en 1128 et présent à ce titre au concile provincial tenu à Rouen la même année (4), avait formellement refusé de prêter serment d'obéissance à son métropolitain : Hugues crut à son tour devoir lui refuser la bénédiction abbatiale,

____

(1) D. d'Achery, *Spicileg.* in-4°, III, 151.

(2) Mansi, *Concil.* XXI, 389.

(3) Bibl. Nat. de Paris, Ms. Lat. 12780, fol. 183.

(4) D. Bessin, *Concil. Rot. prov.* part I, p. 81. — Toutes les pièces auxquelles nous faisons ici allusion se trouvent dans le même ouvrage, part. II, pp. 24-27.

qui seule conférait le droit de remplir la plupart des fonctions attachées au ministère de l'abbé.

Innocent II intervint, le 30 décembre 1131, et enjoi-
gnit à l'abbé de se soumettre à l'archevêque. Mais Alain,
loin de céder, mit dans ses intérêts, qui paraissaient com-
muns à tous les abbés du duché, le Roi d'Angleterre lui-
même. Henri Ier écrivit donc au pape, se plaignant avec
amertume des procédés de l'archevêque de Rouen. Le
Souverain Pontife, tout en représentant au monarque irrité
que le droit canonique parlait en faveur de Hugues, écrivit
pourtant au prélat, pour lui recommander d'agir avec modé-
ration (juillet 1132, avant le 15).

Nous ignorons la réponse de Hugues ; mais il paraît
évident qu'il fit valoir des raisons suffisantes pour déterminer le Saint-Siége à agir avec vigueur, car il reçut
bientôt des instructions qui lui donnaient plein pouvoir
et lui promettaient d'avance la ratification de toute sentence
raisonnable qu'il prononcerait contre l'abbé rebelle : « Quod
« si abbas S. Wandregisili usque ad proximam Pentecostes
« solemnitatem obedire fraternitati tuæ contempserit, sen-
« tentiam quam in ipsum rationabilem promulgabis apos-
« tolica auctoritate ratam habebimus (2). »

Aucun document positif n'est venu jusqu'ici révéler la
solution adoptée par l'archevêque ; mais il nous semble

---

(2) Cette lettre est datée de Pise, le 13 avant les Calendes de
Février ; l'année n'est point indiquée, aussi les éditeurs des lettres
d'Innocent II (Migne, *Patrolog. latine*, CLXXIX, 304-305) n'ont-ils osé
la fixer, si ce n'est approximativement (1133-1137). Le lieu ne peut
fournir aucune indication, le pontife ayant résidé tous les hivers à
Pise de 1132 à 1138 ; mais il nous semble cependant qu'il faut la
reporter au 20 Janvier 1133. C'est ce que semble indiquer la promo-
tion de Gautier au titre et aux fonctions d'abbé, antérieurement à
Pâques 1134, mais aussi postérieurement à la Pentecôte 1133 ; soit
du 25 mai 1133 au 25 mars 1134.

qu'on peut la déduire clairement de la charte qui nous occupe.

En constatant que, dès 1133, Gautier est revêtu du titre d'abbé de Saint-Wandrillle, qu'Alain ne déposa cependant que quatre ans plus tard, on est en droit d'en conclure que, si Hugues d'Amiens, par respect pour la volonté royale, n'alla pas jusqu'à prononcer la déchéance d'Alain, il pourvut néanmoins à l'exercice de la charge abbatiale, en désignant le pieux Gautier (1) pour en remplir les fonctions ; et rien ne force à supposer que les savants auteurs de la *Gallia Christiana*, appuyés ici du reste sur nombre d'autorités et notamment sur celle de la chronique inédite précitée, aient commis une erreur en reportant la retraite d'Alain seulement à 1137. Tout donne à penser au contraire qu'il garda le titre d'abbé jusqu'à la mort de son protecteur (2), et que ce fut seulement lorsque le nouveau roi eut établi solidement son autorité sur la Normandie, que Gautier obtint enfin une prise de possession régulière et définitive.

Et qu'on ne s'étonne pas trop de cette coexistence de deux abbés l'un titulaire, l'autre effectif, pour un seul monastère, on en trouvera des exemples dans le premier volume de l'*Histoire de l'Abbaye royale de Saint-Pierre-de-*

______

(1) Bien que certains auteurs, comme Saint-Allais, par exemple, (*Martyrolog. universel traduit en français*, tables, au mot GAUTHIER), ne donnent à cet abbé que le titre de Vénérable, il figurait néanmoins au catalogue des Saints de Saint-Wandrille, où l'on en faisait mémoire dans le Bréviaire et le Martyrologe. — *Hist. de l'Abbaye de Saint-Wandrille depuis l'Introd. de la Réforme de Saint-Maur* (par DD. Toustain et Tassin), Bibl. munic. de Rouen, Ms. Y 119, pp. 169 et suiv.

(2) 1er décembre 1135. Cependant, on reporte généralement à l'an 1137 la lettre dans laquelle Hugues d'Amiens raconte au Pape les circonstances édifiantes de la mort de ce prince, avec lequel il paraît s'être entièrement réconcilié. Cette lettre n'est pas datée : ne serait-il pas plus naturel de l'attribuer à l'an 1136 ?

Jumiéges, dont la Société de l'Histoire ˡe Normandie prépare la publication (1).

On a prétendu s'appuyer du passage de ce ˡɔlôme où il est fait mention des moines de Saint-Wandrille, pour établir qu'ils auraient possédé le prieuré de Bacqueville à une époque antérieure à la venue des Cisterciens. Si ce passage pouvait servir à établir une hypothèse sérieuse, il nous semble qu'on devrait en conclure tout le contraire ; car si les bénédictins possédaient le prieuré (par consequent l'église *de Sainte-Marie*), comment les droits qui leur restaient étaient-ils attachés à l'église *de Saint-Pierre?*

N'oublions pas de remarquer que les noms des trois archidiacres *Gaufridus*, *Rogerus et Fulbertus*, qui ont souscrit cette charte (2), figurent aussi au bas de la sentence rendue en 1136, par le même Hugues d'Amiens, en faveur de Mortemer contre le même abbé du Pin (3).

Hugues d'Amiens a pris soin de nous exposer lui-même, dans le préambule de cette charte, les raisons qui rendaient son intervention nécessaire. D'après les idées de ce temps et la jurisprudence universellement acceptée, les biens ecclésiastiques ne pouvaient être détournés de leur destination première, ni aliénés, par ceux même qui en avaient la jouissance, sans l'autorisation préalable de l'ordinaire, c'est-à-dire de l'évêque du lieu où ces biens étaient situés ; la reddition de Bacqueville à Guillaume Martel, consentie par l'abbé du Pin, ne pouvait donc être valable qu'après la ratification de l'archevêque de Rouen.

(1) Cf. *Gall. Christ.* XI, 192, et VIII, 1350.

(2) Nous pourrions ajouter : « Une simple croix pour eux comme « pour l'abbé et l'archevêque... (Cf. *Essai sur les Martel*, p. 4, note 13.) » Mais qu'est-ce que cela prouve ? que l'archevêque de Rouen ne savait pas écrire ???...

(1) D. Pommeraye, *Hist. de l'Egl. cathéd. de Rouen*, p. 364.

*2° D'après le vieux cartulaire de Tiron, sur parchemin,
aux Archives d'Eure-et-Loir.*

II.

CHARTE DE GUILLAUME I MARTEL.

(15 Mai 1134)

QUONIAM verbum quod est vix audiri potest cum id præteritum est, et quod futurum est nondum esse potest [1], statutum est antiquitus cyrographo [2] muniri quod debeat in posterum memoriter haberi. Sic plerumque confutatur multorum versutia quod [3] miratur fraudulentos sanctorum justitia. Notis ergo litterarum deductis, ad medium sermo noster fulciatur veritate testium, et dicatur qualiter et ex quo Tyronium Bascheville [4] mereatur ferre patrocinium.

Anno ab Incarnatione Domini millesimo centesimo trigesimo quarto, idibus [5] Maii, Ego, Willermus Martel, assensu matris meæ Albereye, et uxoris meæ similiter Albereye, et Eudonis fratris mei, dedi ecclesiæ Sancti Salvatoris de Tyron ecclesiam beatæ Mariæ de Baschevilla cum hiis que ei adiacebant, scilicet : Sex acras terre et duas partes dimidie cantariæ, quæ est in parrochia Sancti Petri ; et duas garbas de decima feodi Gautarii Prefecti. Dedi insuper, de proprio dominio meo, viginti acras terre, quarum una est in prato ; et boscum essarti ; et viridarium, sicut aqua currebat ; et terram vivarii, usque ad fossetum ; et curiam edificii usque ad viam molendini ; et ut in eodem molendino annonam suam molant quiete, post bladum quod ingranatum fuerit ; et decimam nummorum meorum quos in Normannia habuero de redditu [6] et in Anglia de censu ; et decimam mei victus qui non fuerit emptus de denariis decimatis et apud Baschevillam expendetur ; et duo modia vini ad Rotomagum.

Præterea, quidquid terræ vel decimarum homines mei in feodo meo præfatis monachis in elemosinam [7] largiri vellent, concessi eis libere et quiete habere, sicut libere et quiete dominium meum teneo et possideo.

Post donationes istas, non longo incurrente temporis spatio, sæpedictis monachis in elemosinam donavi : apud Augustinvillam [8] triginta duas acras terre, ad vavassorum consuetudinem, et triginta sex ad garbam ; [apud Raslonde, triginta acras ad vavassorum consuetudinem, et triginta sex ad garbam [9],] et quinque acras ad tertiam garbam in eodem loco. In hâc autem terrâ, quæ subscribuntur mihi retinui : Moltam, videlicet carreium [10], semel in anno, ad vinum meum ; et quartam moltam [11], carreium [12] similiter, ad mei corporis defensionem [13], contra hostes meos auxilium [14].

Horum omnium quæ superius leguntur testes existunt : Goffredus [15], Rogerius, filii mei ; Eudo, Gauterius [16], Baldricus [17], fratres mei, qui et ista omnia sicut et ego ipse concesserunt. Testes etiam sunt : Guernerius de Bracheio, Willelmus Nanus, Goffredus [18] de Fagerlanda, Esbertus de Raslonda [19] et Willelmus, filius ejus, et multi alii.

Et, ut ista melius et firmius in perpetuum haberentur, præsentem paginam sigilli mei munimine confirmavi et roboravi.

VAR. [1] P esse nondum potest — [2] R chirographo — [3] *sic* R; P quos, *quæ lectio melior esse videtur* — [4] R *et* P Baschevillæ — [5] R *et* P idus — [6] P *et* R reditu — [7] P eleemosinam — [8] P *et* R Augusti-villam — [9] *quæ uncis includuntur desunt apud* P — [10] R carrium — [11] P molam — [12] R carrium — [13] P deffensionem — [14] *malè apud* R : contra hostes meos, auxilium horum omnium quæ sequuntur. Testes existunt : — [15] R Gauffridus — [16] P Euhuterius — [17] Baldericus — [18] R Gaufredus — [19] P Rasiunda.

OBSERVATIONS

Quoi qu'en ait dit l'auteur de l'*Essai sur les Martel* (1), nous avons cru devoir attribuer cette charte à l'année 1134, et par conséquent au 15 mai ; suivant en cela l'opinion de M. Lucien Merlet, qui déclare que : « *La « charte du premier Martel est bien certainement de* 1134, « *idibus Maii : le* quarto *tombe sur le jour, c'est indubi-* « *table* (2). »

Aux raisons paléographiques, qui ont déterminé le savant archiviste, ajoutons un argument : Par suite de la donation, qu'il avait faite, aux religieux du Pin, de son

(1) P. 249, note 654.
(2) Lettre du 8 Novembre 1882.

prieuré de Basqueville, Guillaume I avait perdu tout droit
d'en disposer en faveur d'autres religieux ; il ne pouvait
donc agir avant que la sentence de l'ordinaire fut rendue.

Nous avons déjà vu que cette sentence fut prononcée
seulement vers la fin de l'année 1133, peut-être même
seulement au commencement de 1134, ce qui permettrait
au besoin d'établir un rapprochement considérable de
dates entre les deux actes. Mais on devra se garder de les
rapprocher de trop près, car il faut, entre les deux, trouver
la place d'une donation nouvelle : « Post donationes istas,
« non longo incurrente temporis spatio... donavi, etc. »

M. Hellot trouve que « *cette charte diffère beaucoup* » de la
précédente. Nous nous sommes efforcé en vain de découvrir
ces grandes différences.

La charte de Guillaume Martel est seulement plus
explicite en ce qui touche l'église de Saint-Pierre, car elle
précise la part des moines de Tiron : « Duas partes
« dimidie cantarie quæ est in parrochia sancti Petri. » Ces
expressions, il est vrai, qui devaient être très claires au
temps où elles furent employées, sont tout à fait obscures
pour nous et presque inintelligibles.

Qu'est-ce que la *Chantrerie ?* un fief ou un bénéfice ?
la suite de la phrase ne le détermine point (1); mais, pour
le seigneur de Basqueville, l'archevêque de Rouen et les
moines, pouvait-il y avoir un doute ?

Nous ne tenterons point une interprétation qui ne saurait s'appuyer que sur une hypothèse gratuite, il nous

---

(1) L'expression de Guillaume Martel : « la Chantrerie qui est *dans*
« *la paroisse* de Saint-Pierre, *in parrochiâ sancti Petri* » nous ferait pencher
pour le fief ; celle de Rotrou de Warwick, « la chantrerie de Saint-
« Pierre, *cantariæ Sancti Petri,* » convient mieux à un bénéfice. Mais en
tous cas l'incertitude ne vient que de notre ignorance et non d'une
mauvaise rédaction.

suffit d'établit qu'il n'existe pas là une ombre de contradiction. Hugues d'Amiens entend réserver la part des moines de Saint-Wandrille : aussi Guillaume Martel n'accorde-t-il à Tyron que *deux parts* seulement de la demi-chantrerie.

Les nombreuses portions de dîmes énumérées par l'archevêque (et qu'il devait énumérer, puisqu'elles étaient l'objet d'une aliénation de la part des moines du Pin) son résumées en un seul mot dans la charte du seigneur : « Quidquid terræ vel decimarum homines mei… largiri « vellent (1). »

Mais, depuis la convention confirmée par Hugues d'Amiens, Guillaume I a enrichi le prieuré de biens nouveaux : « Apud Augustinvillam…, apud Raslonde…, etc. »; et c'est pourquoi on trouve dans sa charte des choses qui ne se trouvent pas dans le diplôme du pontife.

On y découvre également, ce qui est tout naturel, des détails plus circonstanciés sur la famille du donateur.

Ce sont des additions et non des différences.

III.

CHARTE DE ROTROU DE WARWICK, ARCHEVÊQUE DE ROUEN.

(1171-1176.)

ROTRODUS, Dei, gratiâ Rothomagensis ' Archiepiscopus, præsentibus et futuris salutem.

Quoniam ea quæ fiunt majorem in possidendo obtinent firmitatem cum Metropolitani de cujus parochia sunt fuerint auctoritate

(2) Il n'est pas évident d'ailleurs que toutes ces dîmes ressortissent de la seigneurie de Bacqueville. Il est à remarquer que celle qui se rapporte au fief de Gautier Le Prevost (*Præfecti* ou *Præpositi*) reparaît dans les deux actes et jusque dans le diplôme suivant, ce qui donnerait à penser qu'elle fût d'une nature spéciale.

firma ; Unde nos donationem Ecclesiæ Beate Marie de Baschevilla [2], quam fecit Willelmus [3] Martel dilectis filiis nostris monachis de Tyron [4] ibidem commorantibus, cum omnibus pertinentiis suis, ratam habentes ; et donationem duarum portionum dimidiæ cantariæ Sancti Petri de Baschevilla [5], quam eisdem [6] monachis fecit prædictus Willelmus [7] Martel ; et [8] medietatem ejusdem Ecclesiæ Sancti Petri, cum decimis et aliis elemosinis [9] ad ipsam medietatem pertinentibus ; et [10] duas garbas decimæ de feodo Walteri [11] Præpositi ; et capellam Sancti Leonardi, cum omnibus pertinentiis suis, oblationibus et elemosinis [12], ut in eà prædicti Monachi idoneum instituant capellanum ; et omnia quæ jam dictus Willelmus [13] præfatis monachis pro salute animæ suæ contulit ; ut in ea in perpetuum pacifice et omnino absque vexatione [14], et cum [15] omni integritate possideant jam dicti Monachi, præsenti scripto et sigilli nostri munimine confirmamus.

Testes sunt : Richardus [16], Abrincensis Episcopus ; Robertus [17] de Novoburgo, Archidiaconus Ecclesiæ Rothomagensis [18] ; Magister Rogerius [19] Normannus [20], Helias de Warine [21], et alii multi.

VAR. [1] P *et* R Rotomagensis — [2] P beatæ mariæ de Basquevilla ; R Sancte Marie de Baschevilla. — [3] P Willermus ; R Guillelmus — [4] P Tyrone — [5] P Basquevilla — [6] P *et* R prædictis — [7] R Guillelmus — [8] R ad — [9] P *et* R eleemosinis — [10] R ad — [11] P Walterii ; R Gautarii — [12] R eleemosynis — [13] R Guillelmus — [14] P *et* R exatione — [15] cum *deest apud* R — [16] *apud* R *abbrev.* R. — [17] *item* — [18] P *et* R Rotomagensis — [19] *apud* R *abrev.* R. — [20] R Normanus — [21] Waruis.

OBSERVATIONS

L'archevêque Rotrou de Warwick régit l'église de Rouen de 1165 à 1184 ; c'est dans cet intervalle que se place donc notre diplôme : mais nous pouvons en limiter la date dans un espace plus resserré.

Le nom de l'évêque d'Avranches, Richard, ne nous permet déjà plus de le supposer antérieur à 1171, ni postérieur à 1182 ; la qualité d'archidiacre, donnée à Robert du Neubourg, nous ramène même à 1176, temps où ce personnage était déjà doyen du chapitre de Rouen.

En attendant que des découvertes nouvelles permettent de préciser encore davantage, nous assignerons donc à la présente charte une date comprise entre les deux extrêmes 1171 et 1176.

Pourquoi le compilateur du Cartulaire de Tyron l'a-t-il placée après les deux suivantes ? C'est ce que nous ne saurions dire, et peut-être ne faut-il en chercher aucune raison autre que l'ordre dans lequel elle s'est trouvée sous sa main.

Quoiqu'il en soit, ce diplôme ne contredit en rien les précédents. Nous n'y trouvons de nouveau que le passage relatif à la présentation du chapelain de Saint-Léonard et aux droits sur cette chapelle concédés aux Religieux ; ce qui prouve simplement que, durant les vingt ans et plus qu'il survécut à sa charte du 15 mai 1134 (1), Guillaume I leur accorda de nouvelles faveurs dont les instruments sont perdus.

IV.

CHARTE DE GUILLAUME II MARTEL.

(1188)

Noverint universi præsentes et futuri quod Ego, Willelmus 1 Martel, dedi et concessi Deo, et Sancte Marie de Baschevilla 2, et monachis Tyronensibus ibidem Deo servientibus, in perpetuam cleemosinam, pro meâ meorumque salute, illam moltam terræ quam vavassores mei jamdudum dederant eidem Ecclesiæ post obitum Willelmi 3 Martel, avi mei, usque ad diem quo crucem suscepi. De feodo videlicet Willelmi de Warinvilla 4, ad Huberlande, duas acras et

---

(1) La date exacte de la mort de Guillaume I Martel est inconnue, mais elle est postérieure à 1155. — *Essai sur les Martel*, p. 12.

dimidiam [5]; [de feodo Roberti Carpentarii duas acras et dimidiam [6] ;] de feodo Rodolphi [7] de Wimbelevilla [8] dimidiam acram ; de feodo Gilberti [9] de Basquevilla [10] tres virgas ; de feodo Ricardi [11] Ruffi [12] duas acras et dimidiam ; de feodo Willelmi [13] Geroardi unam acram ; de feodo Ernulphi de Abbemont unam acram ; de feodo Uberti de Montandon [14] unam acram.

Insuper etiam concessi præfatis monachis capellam Sancti Leonardi de Baschevilla [15], cum omnibus pertinentiis suis, quiete et libere possidendam, ita quod dicti Monachi in præfata capella capellanum poterunt eligere et instituere, donec eis assignavero sexaginta solidos stellingorum in loco competenti ad gratum ipsorum monachorum.

Ut autem hæc donatio et concessio nostra firma et stabilis futuris temporibus perseveret, præsentem cartulam fecimus annotari [16] et sigilli nostri munimine in testimonium roborari.

Hujus donationis et concessionis testes existunt : Goffredus [17] Martel, Alanus [18] Martel, fratres mei ; Ernulphus [19], qui tunc temporis prior erat de Basquevilla [20] ; Willelmus [21], Decanus ; Hubertus [22], Presbyter [23] ; Gilbertus [24] de Perrevilla ; Robertus Prepositus [25] ; Rogerius de Belingefoil [26] ; et multi alii.

Datum anno gratiæ millesimo centesimo octogesimo octavo.

VAR. [1] R Guillelmus — [2] P Basquevilla — [3] R Guillelmi — [4] Warenvilla ; R Guillelmi de Warvilla — [5] R et P dimidium — [6] *quæ uncis includuntur desunt apud* P ; R dimidium — [7] P Radolphi — [8] R Vuimbellevilla — [9] P Gilleberti — [10] R Baschivilla — [11] P Richardi — [12] P et R Rufi — [13] R Guillelmi — [14] R Moncandon — [15] P Basquevilla — [16] P et R innotari — [17] R Gaufridus — [18] R Allanus — [19] R Arnulphus — [20] R Baschevilla — [21] R Guillelmus — [22] R Ubertus — [23] P Presbiter — [24] P Gislebertus — [25] P et R Præpositus — [26] P et R Belingefort.

OBSERVATIONS

Cette charte rappelle un certain nombre de noms que nous avons déjà vu figurer dans celle de Hugues d'Amiens ; mais, outre que les prénoms de la plupart des personnages diffèrent, un autre motif nous fait croire qu'il est ici question d'individus tout différents : c'est que Guillaume II Martel fait observer que tous les dons qu'il confirme par cet acte sont postérieurs à la mort de son aïeul.

Il émet l'intention de racheter le droit de présentation des moines à la chapelle de Saint-Léonard, mais sans contester ce droit.

N'oublions pas de mentionner, parmi les noms des témoins, ceux du plus ancien prieur, du plus ancien doyen et du plus ancien curé de Bacqueville qui soient connus : « Ernulphus, qui tunc prior erat de Basquevilla; Willelmus, « decanus (1); et Hubertus, presbyter. »

V.

CHARTE DE GUILLAUME II MARTEL.

(24 mars 1192)

UNIVERSIS Christi fidelibus presentibus et posteris ad quos presentis scripti notitia pervenerit, salutem in Domino.

Noveritis omnes quod Ego Willelmus Martel, miles, avidâ devotione quam ad monachos Sancti Salvatoris Tyronensis habeo, ipsorum augmentum præ cunctis desiderans, confirmo eis, largior et concedo, in puram et perpetuam elemosinam [1], pro mea et parentum [meorum [2]] salute, beneficia, decimas et omnia dona [3] quæ fecit eis Willelmus Martel, avus meus [4], assensu et voluntate matris et uxoris ac filiorum et fratrum suorum, in eorum Ecclesiâ Beate Marie de Baschevilla [5] sepultorum; videlicet : Ipsam ecclesiam Beate Marie, cum omnibus pertinentiis suis; et dimidiam ecclesiam Sancti Petri, cum decimis et elemosinis [6] eidem [7] pertinentibus; de proprio dominio meo viginti sex acras terre, quarum una est in prato; boscum etiam

____

(1) C'est surtout à cause du rang qu'occupe cette signature que nous croyons y reconnaître celle d'un *doyen de Bacqueville*, et non d'un personnage nommé *Guillaume le Doyen*.

Essarti ; et viridarium usque ad magnum fossetum ; aquam et vivarium ; et locum edificii usque ad viam molendini mei ; et ut in eodem
molendino annonam suam libere et quiete molant post bladum ingranatum ; et decimam nummorum meorum [8] in Normannia [9] et Anglia,
tam reddituum [10] quam censuum, et tam fori [11] seu mercati mei quam
victus qui non fuerit emptus de denariis decimatis et apud Baschevillam [12] expendetur ; et duo modia vini apud Rothomagum [13] ad
celebrandas Missas [14] ; ac etiam ut ipsorum animalia quæcumque cum
animalibus meis [15] in pascuis dominicis libere pergant.

Insuper eis dedi [16] capellam Sancti Leonardi ; ita ut dicti Monachi
imponant in ea [17] capellanum ad voluntatem eorum, donec eis assignavero [18] sexaginta solidos stellingorum ad gratum ipsorum.

Præterea, sicut ipse avus meus voluit ita et ego volo ; et eis confirmo,
largior et concedo quod decimas, terras et omnes possessiones quas
in toto dominio meo, tam dono, emptione, elemosina [19], quam alias [20],
ipsi Religiosi Tyronenses tenent et possident, ita libere et quiete
teneant et possideant sicut dominium meum teneo et possideo ; nihil
penitus mihi vel successoribus meis jurisdictionis vel superioritatis in
hiis [21] omnibus retinens, præter orationes Religiosorum supradictorum.

Ut autem per succedentia tempora hæc omnia et singula premissa [22]
ipsis Religiosis et eorum successoribus firma et illibata permaneant in
futurum, presentes litteras sigilli mei auctoritate communitas in horum
omnium robur et testimonium duxi eis concedendas.

Testes etiam sunt : Ernulphus [23], Prior ejusdem loci ; Alanus
Martel, frater meus ; Guillelmus de Sancto Audoeno, Reginaldus de
Petravilla, milites ; Robertus Piefere [24], Robertus Prepositus, Gislebertus
Decanus, et multi alii.

Datum in predicta Ecclesia Beate Marie de Baschevilla, anno gratie
millesimo centesimo nonagesimo secundo, octavo Kalendas [25]
Aprilis (1).

VAR. [1] P eleemosynam — [2] *deest ap.* P et R — [3] P bona — [4] P *et*
R frater meus Willelmus avus meus — [5] P Basquevilla — [6] P *et* R
eleemosinis — [7] R eisdem — [8] *deest apud* R — [9] P Normania — [10] P
et R redituum — [11] P *et* R fari — [12] P Baskevillam ; R Bachevillam
— [13] P *et* R Rotomagum — [14] P ad missas celebrandas — [15] *deest apud*
R — [16] P dedi eis — [17] in ea *deest apud* R — [18] R assignavero eis —
[19] P *et* R eleemosina — [20] P aliis ; R alii — [21] P *et* R his — [22] P
præmissa ; R permissa — [23] R Arnulphus — [24] R Pieferre — [25] calendas.

(1) « Le huit *des* calendes d'Avril (25 mars 1192), » a traduit
M. Hellot. Est-il besoin de relever l'incorrection de cette formule ? Les

OBSERVATIONS

Bien que cette charte ne porte pas en elle des signes de fausseté évidents, nous ne pouvons nous empêcher de concevoir quelques doutes sur son authenticité.

1° Les chartes de confirmation se renouvelaient souvent lors de l'avénement d'un nouveau suzerain, d'un nouvel évêque, d'un nouveau seigneur; c'était une précaution sage contre les revendications. Mais comment expliquer que cette confirmation n'ait été accordée qu'en 1192 par Guillaume II Martel, lorsqu'en 1188, il avait octroyé une première charte en faveur du monastère ?

calendes d'Avril étant *le premier Avril*, le huit des calendes d'Avril devrait être *le 8 Avril*.

Quand on se pique d'exactitude (*Essai sur les Martel*, notes 227, 284, 289, 488, etc.), on doit traduire, avec tous les bons humanistes : « le huit *avant les* calendes d'Avril; » et c'est d'autant plus nécessaire que quelquefois les Anciens nommaient *jour des Calendes* (dies Kalendarum) le jour qui suivait immédiatement les Ides, parce que, dès ce jour-là, on commençait à compter les Calendes (*Nouveau traité de Diplomatique* [par DD. Toustain et Tassin], tome IV, p. 724); si bien que l'expression employée par notre auteur . *le huit des calendes d'Avril*, qui est la traduction des mots latins : *octavo Kalendarum Aprilis*, eût pu désigner encore, non pas le 25 Mars, mais le 21 Avril.

En outre, il ne faut pas oublier que le Moyen-Age, alors même qu'il semblait se rapprocher des Romains en commençant avec eux à compter par le jour le plus éloigné des Calendes, des Nones ou des Ides, ne suivait pas cependant la supputation romaine, assez bizarre du reste, puisqu'elle négligeait un jour entre le *tertio* et le *pridie Kalendas*. Évidemment *pridie* est écrit pour *primo die* : il eût donc dû logiquement suivre *secundo die*, que les Romains supprimaient ; si bien que, les Calendes étant le premier Avril, ils appliquaient le *pridie Kalendas* au 31 Mars, *tertio Kalendas* au 30. Le Moyen-Age, plus exact, après avoir appelé le 31 Mars *pridie*, désignait le 30 Mars par *secundo die*, le 29 Mars par *tertio die*, etc. (*ibid*. p, 725.)

La charte de Guillaume Martel, datée *du huit avant les Calendes d'Avril* (octavo Kalendas Aprilis), doit donc être reportée au 24 Mars, et non pas au 25.

2° Le rédacteur de la charte de 1192 n'affirme que l'intention de *confirmer* les dons faits par Guillaume I Martel, et cependant son énumération accuse de notables différences :

L'Église de Sainte-Marie est dite concédée avec toutes ses appartenances, *cum omnibus pertinentiis suis ;* la charte de 1134 semble parler seulement des terres qui en étaient voisines, *cum hiis quæ adjacebant.*

Il semble au premier abord que cette variante importe peu, mais elle a des conséquences :

Les six acres de terre, qui, en 1134, semblent des dépendances directes de l'église priorale : *cum hiis quæ ei adjacebant, scilicet sex acras terræ...* sont, en 1192, confondues avec les vingt acres du domaine seigneurial ; il s'ensuit que le nouvel acte paraît indiquer vingt-six acres, indépendamment des terres appartenant en propre à l'église de Sainte-Marie, *cum pertinentiis suis.*

La charte de 1134 ne mentionne qu'un verger sur le bord de la rivière : *sicut aqua currebat ;* celle de 1192 ajoute la rivière elle-même : *aquam et vivarium.*

La première établit entre les dîmes d'Angleterre et celles de Normandie une importante distinction : *in Normanniâ de redditu, et in Angliâ de censu ;* la seconde la fait disparaître, et par suite étend les deux droits aux deux côtés de la mer Britannique : *in Normanniâ et Angliâ, tam reddituum quam censuum ;*

La dîme du marché de Bacqueville, dont il ne paraît pas que les moines aient jamais joui, ne figure que dans cette charte (1) ;

____

(1) C'est même le seul endroit où il soit fait mention de ce marché antérieurement à 1263. M. Hellot écrit : « Je n'ai pas pour ma part « rencontré dans mes recherches de marché plus ancien dans un sim- « ple bourg (*Essai sur les Martel*, note 793). » Et cependant M. Hellot

Le droit de libre pâture, revendiqué pour les bœufs, *boves religiosorum*, par le diplôme de Hugues d'Amiens (1), est ici étendu aux animaux de toute espèce, *animalia quæcumque*.

Tout ceci rappelle fort la manière de procéder, flétrie à juste titre par M. Lucien Merlet.

3° L'auteur présumé de la charte de 1192 parle comme ayant *lui-même* donné aux religieux la chapelle de Saint-Léonard : *insuper eis dedi…* ; or, cette donation est au moins antérieure à 1176, comme nous l'avons indiqué (2) ; et, si nous l'avons bien compris, M. Hellot croit que Guillaume II n'entra pas en possession de la seigneurie de Basqueville avant 1180 (3).

4° L'ordre dans lequel les signatures des témoins se présentent contribue à nourrir nos doutes. Le prieur de Bacqueville y précède les frères du seigneur, contrairement à l'usage ordinaire et notamment à la charte de 1188 ; *Gislebertus Decanus* n'y paraît qu'en dernier lieu (4).

Bref, si, nous le répétons, il n'y a pas de preuves *évidentes* de la fausseté de cette charte, elle offre assez de matière à soupçons pour qu'il soit bon de n'en user qu'avec une prudente réserve.

---

parait avoir lu les ouvrages de M. l'abbé Cochet (qu'il attaque dans cette note), la *Neustria Pia*, le *Cartulaire de Saint-Wandrille*, qu'il cite à plusieurs reprises ; comment n'a-t-il pas rencontré la mention, qu'on y trouve, d'un marché existant dans le tout petit bourg de Saint-Wandrille, soixante ans avant l'époque attribuée à notre charte, puisque, dès 1135, on le transférait à Caudebec ? — L'abbé Cochet, *Les Églises de l'Arrond. d'Yvetot*, I, 3 et note.

(1) Ce droit n'est pas rappelé dans la charte de 1134.
(2) Voir plus haut la charte III ; pp. 21 et 22.
(3) *Essai sur les Martel*, p. 13.
(4) Il est vrai qu'on peut ici traduire par *Gilbert le Doyen*.

3° *D'après la copie de Jacques Marion (1638) conservée aux Archives de la Seine-Inférieure.*

VI.

CHARTE DE GUILLAUME II MARTEL.

(1201)

Cum, ex dono concessorio meorum, Abbas et Conventus de Tyronio et monach. apud Basquevillam commorantes haberent, perciperent et tenerent decimam de feodo meo de Baschevilla, cum omnibus quæ ei [1] adjacent ;

Noveritis me cum dictis religiosis contraxisse, ut, pro dicta decima, centum solidos turonenses [recipiant [2]] ; videlicet duobus terminis : ad festum Beati Clementis (1) quinquaginta solidos, et ad festum Beati Mathiæ Apostoli (2) alios quinquaginta ; quos Ego et hæredes mei, quolibet anno, monachis apud Baschevillam Deo servientibus in [3] perpetuum reddere tenebimur. Ita siquidem quod si Ego, aut hæredes mei, in solutione dictæ pecuniæ dictis terminis in toto vel in parte defecerimus, dicti monachi ad dictam decimam, prout solebant, redire poterunt absolute, isto contractu minime impediente.

Et ut hoc firmum et inconcussum in perpetuum permaneat, præsentem cartam sigilli mei munimine [4] confirmavi.

His testibus : Gaufrido, Præsbytero ; Andullo de Cillo, Reginaldo [5] de Petravilla, Roberto de Tierravilla [6], Roberto Casuel, Gaufrido Malla, Roberto Piefere [7] et Elia, filio ejus, Reginaldo [8] Herre, Almedo [9] Drapier et aliis pluribus.

Datum [10] apud Baschevillam, anno ab Incarnatione Domini Millesimo Ducentesimo primo.

VAR. [1] *cod.* eo — [2] *suppl. et ex conjectura* — [3] *in deest in cod.* — [4] *cod* nunc — [5] *cod.* Ronoldo — [6] *forsan legendum* Tiercevilla *seu iterum* Petravilla — [7] *cod.* Præferre — [8] *cod.* Renaldo — [9] *sic cod., forsan pro* Alveredo — [10] *cod.* Data.

(1) 23 Novembre.
(2) 24 Février.

OBSERVATIONS

Comme nous l'avons déjà dit (page 7), le texte de cette charte (et surtout des suivantes) laisse fort à désirer, mais nous n'avons aucun moyen de contrôler aujourd'hui la copie de Jacques Marion.

L'échange proposé par Guillaume II Martel prouve qu'il était fâché de voir aux mains des religieux la dîme de Basqueville, et rend par conséquent plus improbable encore l'authenticité de la charte par laquelle, huit ans plus tôt, le même Guillaume II aurait augmenté cette dîme.

Il ne semble pas du reste que jamais les religieux l'aient réclamée par la suite, malgré l'irrégularité avec laquelle les seigneurs payaient les cent sols tournois, stipulés pour le rachat (1).

Nous avons essayé de rectifier par conjecture les noms de plusieurs témoins, mais il en reste encore dont nous n'avons pas la clef, comme, par exemple, *Andullo de Cillo* (2).

VII.

CHARTE DE GUILLAUME DE SAINT-OUEN.

(après 1208)

CIANT omnes præsentes et futuri quod Ego, Guillelmus de Sancto Audoeno, miles, dedi et concessi Deo et Beatæ Mariæ de Baschevilla, et monachis de Tyron ibidem Deo servientibus [in¹] puram et perpetuam eleemosinam² totam culturam

---

(1) « Dominus ville tenebatur eis annuatim in centum solidos « turonenses, de quibus nichil habuerant per tres annos (Janv. 1259). » Eudes Rigaud, *Reg. visitat.*, p. 154.

(2) Peut-être le dernier mot est-il là pour *Tilio* (?) ; on peut aussi le rapprocher de *Rogerio de Guilot* ou *Quitto*, cité dans la charte I ; mais il n'y a pas là de quoi fonder une hypothèse sérieuse.

quæ erat de meo dominio, dicto Campania 3 de Busiques (1), libere, quiete et pacifice possidendam ; et sex denarios currentis monetæ, quos Reginaldus de Petravilla solebat mihi annuatim reddere ad festum Omnium Sanctorum, de quinque acris terræ quæ sunt de feodo de Harminville, similiter libere, quiete et pacifice eisdem possidendos ; et hanc meam donationem Ego et hæredes mei garantizare tenemur.

Et ut hoc firmum et stabile cunctis teneatur temporibus, præsentem cartam sigilli mei munimine confirmavi.

Testibus : Helia Piefere 4, Gauffrido Casuel, sacerdotibus ; Guillelmo de Osovilla, Radulpho de Petravilla, militibus ; Guillelmo Marcel (2), Eust. de Petravilla, clericis ; Anff. Neel de Osovilla, Richardo de Buivilla, et aliis.

Var. 1 *supplet. ex conjectura.* — 2 *cod.* elemosinam — 3 *cod.* compania. — 4 *cod.* Præfere.

OBSERVATIONS

M. Hellot croit cette charte antérieure à 1133 (3) : nous verrons tout à l'heure combien est fragile la base sur laquelle il s'est appuyé.

La signature de Guillaume de Saint-Ouen au bas d'une charte que lui-même assigne au 25 mars 1192 aurait dû mettre en garde notre auteur. Pour nous, qui regardons ce document comme douteux, il faut d'autres motifs pour reporter au XIIIe siècle l'acte de Guillaume de Saint-Ouen. Nous en avons deux pour un

1° Le donateur fait mention *au passé* de Reginald de Pierreville : « quos Reginaldus de Petravilla solebat....

(1) La campagne de Busiquet. — *Essai sur les Martel,* p. 250.

(2) Peut-être faut-il lire Guillaume *Martel,* et voir en ce personnage un frère de Geoffroy III ; la copie, nous le répétons, est trop défectueuse pour qu'on puisse prononcer.

(3) *Essai sur les Martel,* p. 255, note 656.

« annuatim reddere ; » or, ce *Reginaldus* figure encore dans une enquête relative à l'élection des archevêques de Rouen, enquête que Dom Bessin rapporte, après André du Chesne (1), sans en préciser la date, il est vrai, mais qui ne peut se rattacher qu'à la nomination de l'archevêque Robert Poulain (1208).

2° Hélie Pieferre (ou Præfere), le premier des témoins, semble pouvoir s'identifier avec cet autre Elie, fils de Robert Pieferre, que nous avons vu figurer comme témoin en 1201 ; mais alors Elie Pieferre n'était pas même dans la cléricature (le scribe n'aurait pas manqué d'exprimer sa condition), or, il est déjà prêtre lorsque paraît la charte de Guillaume de Saint-Ouen : cela suppose un certain temps passé depuis 1201, et confirme par conséquent l'argumentation précédente.

Peut-être aussi le *Gauffridus Casuel*, *sacerdos*, n'est-il pas différent du *Gauffrido præsbytero* de la charte de 1201.

VIII.

CHARTE DE ALAIN MARTEL.

(1250 ou 1205)

U NIVERSA negotia mandata litteris et voci testium ab . . . . immobiliter firmare.

Noverint ergo præsentes et futuri quod Ego, Alanus Martel, dedi et concessi Ecclesiæ Sanctæ Mariæ de Basquevilla et monachis de Thironio ibidem Deo servientibus, pro salute animæ meæ et antecessorum meorum, quinquaginta solidos monetæ currentis de redditu apud Abeton 1, ad festum Sanctæ Crucis percipiendos ;

____

(1) *Concil. Roth. provinc.,* part. II, p. 33.

videlicet triginta solidos ad usum præfatæ ecclesiæ Sanctæ Mariæ de Basquevilla, et viginti solidos ad serviendum cereum qui quotidie usque [in perpetuum [2]] ardebit ante altare Sanctæ Mariæ supra pedem altaris, et ardebit usque ad Ite Missa est.

Insuper, ne qua nasceretur [3] calumnia præfatæ Ecclesiæ de Basquevilla [4], de me vel hæredibus meis, in posterum, Ego, præfatus Alanus Martel, concessi hanc donationem meam habendam et tenendam [5] prædictæ ecclesiæ sanctæ Mariæ, priori et monachis ibi Deo servientibus, pacifice, et quiete, et honorifice, de omnibus generaliter [mihi [6]] et hæredibus meis pertinentibus usque in perpetuum.

Ut autem hæc mea [7] donatio fieret [8] magis firma, et instanter permaneat, et semper incolumiter perseveret, hanc præsentem cartam sigilli mei munimine confirmavi.

His testibus : Guillelmo Martel, Gauffrido W., Hen. Ales de All., Nog. de Petravilla, Rod. de Petravilla, Joanne de Veteris, Rod. Mart., R. Mart., et multis aliis.

Anno ab incarnatione Domini Millesimo ducentesimo quinquagesimo, secundo Maii.

VAR. [1] *leg.* Abetot — [2] *supplet. ex chart.* X *quæ sequitur* — [3] *cod.* nascetur — [4] *cod.* Basqueville — [5] *cod.* abeundam et teneundam ; *supplend. videtur* esse — [6] *supplet. ex conjecturâ* — [7] *cod.* pro ut hic mea — [8] *cod.* fuisset.

OBSERVATIONS

Les lacunes laissées par le copiste dans le texte de cette charte font assez deviner le triste état dans lequel devait être le vieux cartulaire en papier dont elle est tirée.

On ne peut guère avoir confiance dans les noms des témoins, que l'écrivain semble n'avoir pu lire. Il en est deux pourtant que nous connaissons déjà, Guillaume Martel et Rodolphe de Pierreville (*Rod. de Petravilla*) ; il semble même que, sans témérité, on pourrait substituer *Reg. de Petravilla* à l'inintelligible *Nog. de Petravilla*. Dès lors, et malgré la date inscrite sur la copie, nous n'hésiterions pas à placer cette charte entre celle de Guillaume II

Martel et celle de Guillaume de Saint-Ouen, et nous serions entraîné à l'attribuer à 1205, attribution d'autant plus naturelle qu'une abbréviation, supposée ou mal lue, par le copiste, suffit à expliquer comment *quinquagesimo* aurait pris la place de *quinto* (1).

Nous soumettons au lecteur cette idée, sans prononcer autrement.

IX.

CHARTE ATTRIBUÉE A GUILLAUME III MARTEL.

(vers 1200)

SCIANT præsentes et futuri quod Ego, Guillelmus Martel, mercatus fui de Rodulpho Broulte quatuordecim acras terræ et duos hospites [de] redditu, et . . . . . quod debe_ bant Joannes et Rodolphus Broulte, apud Austainville; illam videlicet terram et illos hospites quos prædictus Rodulphus recuperavit de Guillelmo de Immonville, in assisiâ Domini Regis, recognitione Regalium hominum ejusdem patrie [1].

Præterea, mercatus fui de supradicto Rodulpho Broulte, in præfata villa de Austainvilla [2] quoddam masagium quod ipse Rodulphus habebat, xxx lib. . . . . .; ita libere et quiete, quod ipse, vel hæredes sui, in prædicta terra, et hospitibus, et masagio, nihil omnino reclamare poterunt.

Hæc omnia superius memorata, terram videlicet, et hospites, et masagium, donavi Deo et Beatæ Mariæ de Baschevilla, et monachis Tyronensibus Deo servientibus, pro meâ et fratrum meorum animabus, in puram et perpetuam eleemosynam, quiete, libere et pacifice perpetuo possidenda; ita quod Ego, nec fratres, nec hæredes mei, nec præfatus Rodolphus Broulte, nec hæredes sui, nec alius, in his omnibus supra memoratis, videlicet terra, hospitibus et masagio, aliquid juris, vel consuetudinis, vel auxilii, de cætero reclamare poterimus.

(1) « A l'égard des copies, les anarchronismes qu'on y a introduits, « soit par négligence, soit par ignorance, sont sans nombre. — *Nouv.* « *Traité de Diplomatique*, IV, 667, note. »

Ut sibi 3 hujus facti notitia ad memoriam transeat futurorum, et omnibus in posterum tollatur occasio malignandi, Ego, Guillelmus Martel, de consilio et merà voluntate fratrum meorum, Gaufridi et Ilarii, qui hanc donationem meam devote et liberaliter concesserunt et laudaverunt, præsentem paginam sigilli mei munimine et subscripto, testium testimonio et approbatione confirmavi; videlicet : G., sacerdotis; et Reginaldi de Petravilla et Eustachii, fratris ejus; Roberti de capite adulsi ac Abbel; Roberti de Coquevilla et Joann's filii ejus, Reginaldi Hæredis, et aliorum plurimorum 4.

Datum 5 apud Baschevillam, anno ab Incarnatione Domini millesimo trecentesimo.

VAR. ɪ *ita cod.* — 2 *cod.* Arstainvilla — 3 *ita cod.* — 4 *sic codex* : G. sacerdos, et Reginaldus de Petravilla et Eustachius frater ejus ; Roberti de capite adulsi ac Abbel ; Roberti de Coquevilla et Joannes filius ejus ; Reginaldus Haeres et aliorum plurimorum — 5 *cod.* Data.

OBSERVATIONS

« *Trecentesimo n'est pas acceptable. En 1300, on ne rédi-* « *geait plus les actes en cette forme.* » Nous n'avons rien à ajouter à cette affirmation si nette et si concluante de M. Ch. de Beaurepaire : reste à chercher la date vraie.

Là encore nous nous trouvons en présence d'une copie si incorrecte et si défectueuse qu'il n'est guère possible d'appuyer sur le texte un raisonnement inattaquable. Essayons cependant de procéder par hypothèse.

Au lieu de *trecentesimo*, supposons un instant qu'il y ait *ducentesimo*. Alors plusieurs personnages connus par les actes précédents réapparaissent dans celui-ci : *Guillelmus Martel*, n'est autre que Guillaume II ; *Gaufridus* est le *Goffredus* de la charte de 1188; et peut-être (vu le peu de confiance que mérite le copiste et le mauvais état de l'ori- riginal qu'il transcrit), pourra-t-on, sans trop de hardiesse, identifier *Ilarius* avec *Alanus*, l'autre frère, signalé dans la même charte (1); *Reginaldus de Petravilla* est témoin de la charte de 1201, *Eustachius*, son frère, de celle de Guillaume de Saint-Ouen; et, dans cette dernière, dont nous avons fixé la date aux environs de 1210, figure en outre un prêtre du nom de Geoffroy, qui peut fort bien répondre à la désignation : *G. sacerdos*.

Sans doute on ne saurait induire de ces rapprochements une conclusion indiscutable; mais, puisqu'il faut nécessairement chercher la date de cet acte à une époque assez éloignée de 1300, on avouera que 1200 a bien des chances de probabilité.

4° *D'après la copie de Jehan Dedun (1626), aux Archives Départementales de la Seine-Inférieure.*

X.

CHARTE ATTRIBUÉE A GUILLAUME I MARTEL.

a charte de Guillaume Martel du 2 mai 1133, écrit M. L. Delisle, *se rattache à l'un des types stigmatisés par M. Merlet (2).* » Un coup-d'œil comparatif le prouvera plus vite et mieux qu'une longue dissertation.

Nous allons donc présenter dans une première colonne le texte du faussaire, à la fois audacieux et inintelligent, auquel est due cette charte, et, en face, les passages qu'il a

(1) Rien n'empêche, à la rigueur, d'adjoindre un quatrième frère à Guillaume, Geoffroy et Alain; mais les caractères gothiques, surtout effacés en partie, rendent singulièrement facile la confusion des deux formes *alanus* et *ilarius*.

Ce dernier prénom était rare en Normandie à cette époque.

(2) Lettre du 13 Septembre 1882.

cousus bout à bout pour la former ; des lettres italiques feront ressortir les variantes.

Les chartes qui précèdent sont indiquées par des chiffres romains placés entre parenthèses à la fin de chaque passage et suivis de chiffres arabes qui rappellent la date admise pour chacune d'elles par l'auteur de l'*Essai sur les Martel de Basqueville* (1).

Texte de J. Dedun.

Universis Christi fidelibus præsentibus et posteris ad quos præsentis scripti notitia pervenerit, salutem in Domino.

Ad *fidelis cristiani* pertinere dignoscitur officium loca Deo dicata sub protectione Sanctæ Matris Ecclesiæ *sustinere*, eorumque bona sibi canonice a fidelibus collata *sentoris et patroni* auctoritate tueri et roborare ; oblationes *enim* fidelium, quæ *peccata pertinere* noscuntur, *minime* licitum est tangi, aut ad alios usus, præter eos quibus *licitum est aliquod* inde fas est perfrui.

Sciant ergo presentes et futuri quod Ego, Guillelmus Martel, avidâ devotione quam habeo ad monachos Sancti Salvatoris de Tyron, ipsorum augmentum desiderans

et de bonâ *eorum* conversatione *gratulans*, quæ

Texte des chartes imitées.

Universis Christi fidelibus præsentibus et posteris ad quos præsentis scripti notitia pervenerit, salutem in Domino (V, 1192).

Ad *nostrum* pertinere dignoscitur officium loca Deo dicata sub protectione Sanctæ Matris Ecclesiæ *suscipere*, eorumque bona sibi canonice à fidelibus collata *nihilominus episcopali* auctoritate tueri et roborare ; *Verumtamen* oblationes fidelium, quæ *pretia peccatorum esse* noscuntur, *à nemine* licitum est tangi, aut ad alios usus, præter eos quibus *assignatæ sunt, aliquos* inde fas est perfrui (I, 1133).

Noveritis omnes quod Ego, Guillelmus Martel, *miles*, avidâ devotione quam habeo ad monachos Sancti Salvatoris de Tyron, ipsorum augmentum *præ cunctis* desiderans, (V, 1192) *de religione* et de bonâ *vestra* conversatione *gratulantes*, quæ

(1) Nous avons ici préféré les dates proposées par M. Hellot à celles que nous croyons plus vraies, parce que la fausseté du document accepté par cet auteur n'en est que plus évidente, et qu'il est juste d'ailleurs, pour apprécier ses conclusions, d'accepter provisoirement les prémisses qu'il a posées.

pie *requirunt eis duxi* concedere, justisque postulationibus *ascensum* (*sic*) præbere.

Itaque, sicut *pater* meus voluit et ego volo, et eis confirmo, *et* largior et concedo, in puram et perpetuam eleemosinam, decimas et omnia dona quæ *avus meus et fratres sui, mater quoque sua et conjux filiique sui, in Ecclesia beatæ Mariæ de Basquevilla sepulti, præcedentibus monachis de pinu* (1) *dederunt et concesserunt*

ad opus *prædictorum* monachorum *de pinu* (1) cæterorumque fratrum in ecclesiâ beatæ mariæ de Basquevilla *deo antea* servientium ; *quæ dona* et nos concedimus, firmaque *et rata* deinceps perpetuo sanctimus (*sic*) manere *indulte,* omnesque possessiones quas in toto dominio meo, tam dono, emptione, eleemosyna, quam alias, *præcedentes monachi possidebant, ipsi monachi de Tyron apud basquevillam commorantes ex dono antecessorum meorum* quiete et libere teneant et *percipiant.*

Nec illud concessioni nostræ *obstare* debet quod monachi de pinu (1) *eumdem locum* aliquando habuerunt, atque ibidem *aliquando* commorati sunt, iidemque (*sic*) namque monachi

pie *requiritis congruum vobis duximus* concedere, justisque *vestris* postulationibus *assensum* præbere (I, 1133)

Præterea, sicut *ipse avus* meus voluit *ita* et ego volo, et eis confirmo, largior et concedo, in puram et perpetuam eleemosinam, *pro mea et parentum meorum salute, beneficia,* decimas et omnia dona quæ *fecit eis Willelmus Martel, avus meus, assensu et voluntate matris et uxoris ac filiorum et fratrum suorum in eorum Ecclesia Beate Marie de Baschevilla sepultorum* (V, 1133) ad opus monachorum cæterorumque fratrum in ecclesia Beatæ Mariæ de Baschevilla *domino assidue* servientium, et nos concedimus, firmaque *vobis et illibata* deinceps perpetuo *possidenda* sanximus manere (I, 1133), *et omnes* possessiones quas in toto dominio meo, tam dono, emptione, eleemosyna, quam alias, *ipsi religiosi Tyronenses tenent et possident ; ita* libere et quiete teneant et *possideant* (V, 1192).

Nec illud concessioni nostræ *nocere* debet quod monachi de Pinu *eamdem ecclesiam* aliquando habuerunt atque ibidem *aliquandiu* commorati sunt : iidem namque Monachi

---

(1) Le tabellion, peu au courant de l'histoire du prieuré, semble n'avoir pas su lire ce mot, qu'il a plutôt dessiné que transcrit. Le P semble accompagné d'un signe abbréviatif, et le nombre des jambages (semblables entre eux) qui le suivent, varie de quatre à six dans la triple reproduction du mot.

ab aliquo tempore locum illum mihi reddiderunt, et inde quod facere *velle (sic)* permiserunt.

Concessi præterea et donavi Deo, et beatæ mariæ de Basquevilla, et monachis de Tyron, ut ibi Deo serviant, de proprio dominio meo, viginti acras terræ, quarum una est in prato, *boschum* et viridarium *circa ædificium monachorum, prope meum viridarium, juxta quod aqua currens defluit ;* et ut in *meo* molendino annonam suam molant post bladum ingranatum ; et decimam nummorum meorum *in Anglia, tam redituum quam sensuum (sic)* ;

et totam culturam quæ erat de meo dominio *in* campania des *busques,* pacifice possidendam ; et sex denarios currentis monetæ, quos Regnaldus de Petravilla solebat mihi annuatim reddere ad festum omnium sanctorum, de quinque acris terræ quæ sunt *de feodo garville* (1), similiter *possidenda (sic)* ;

et quinquaginta solidos currentis monetæ de redditu apud *Habitot,* ad festum sanctæ crucis *percipiendum (sic)* ; et tenementum quod dicitur Guillelmi clerici apud abbitot, unam perciam terræ quæ adiacet prænominatæ (2).

jam dictam ecclesiam locumque illum Willelmo Martel in presentia nostra reddiderunt, et inde *sibi* quod *vellet facere* permiserunt (I, 1133).

Dedi insuper, de proprio dominio meo, viginti acras terræ, quarum una est in prato; *et boscum essarti ;* et viridarium, *sicut aqua currebat ; et terram vivarii, usque ad magnum fossetum ; et curiam ædificii usque ad viam molendini;* et ut in *eodem* molendino annonam suam molant *quiete* post bladum *quod* ingranatum *fuerit* ; et decimam nummorum meorum *quos in Normannia habuero de redditu et in Anglia de censu* (II, 1134).

totam culturam quæ erat de meo dominio *dicto* campania des *Busiques, libere, quiete et* pacifice possidendam ; et sex denarios currentis monetæ, quos Reginaldus de Petravilla solebat mihi annuatim reddere ad festum omnium sanctorum, de quinque acris terræ quæ sunt *in feodo de Harminville* similiter *libere, quiete, et pacifice possidendos* (VII, s. d.).

quinquaginta solidos monetæ currentis de redditu apud *Abeton,* ad festum Sanctæ Crucis *percipiendos* (VIII, 1250 ?).

---

(1) Pourquoi, de *Harminville,* le faussaire a-t-il fait *Garville ?* c'est ce que nous ne saurions dire.

(2) Ce passage parait emprunté à une charte perdue.

Insuper *dedi eis* cappelam (*sic*) sancti leonardi, ita ut *isti* monachi imponant in eâ capellanum ad voluntatem eorum, donec eis assignavero sexaginta solidos stelingorum ;

et ne qua indè nasceretur calumnia præfatæ ecclesiæ *sanctæ mariæ* de Basquevilla, de me vel hæredibus meis *spectantibus* imposterum, ego, præfatus *Guillelmus* martel, concessi hanc donationem meam habendam et tenendam prædictæ ecclesiæ *et monachis de Tyron ibidem* Deo servientibus, *libère*, quiete et pacifice *de omnibus querelis*, et hæredibus pertinentibus usque in perpetuum ; salvo tamen in omnibus supradictis jure universo rectorum parochiæ meæ de Basquevilla, et cappelanorum (*sic*) cappellarumque mearum. Ita ut, horum donorum gratia, prædicti monachi tenentur orare pro salute animæ meæ, et uxoris, et antecessorum meorum (2).

Ipsi etiam monachi ad usum unius cerei serviendi ad duas missas quotidie ab illis celebrandas ministrabunt, qui usque in perpetuum ardebit ante altare sanctæ Mariæ, supra pedem altaris, usque ad Ite missa est.

Et ut mea donatio fuisset (*sic*)

Insuper *eis dedi* capellam Sancti Leonardi, ita ut *dicti* Monachi imponant in eâ capellanum ad voluntatem eorum, donec eis assignavero sexaginta solidos stellingorum *ad gratum ipsorum* (V, 1192).

Insuper, ne qua nasceretur calumnia præfatæ Ecclesiæ de Basqueville, de me vel hæredibus meis in posterum, Ego, præfatus *Alanus* Martel, concessi hanc donationem meam habendam et tenendam prædictæ ecclesiæ sanctæ Mariæ, *Priori et monachis ibi* Deo servientibus *pacificè, et quiete, et honorifice, de omnibus generaliter* mihi et hæredibus meis pertinentibus, usque in perpetuum (VIII, 1250).

Ad serviendum cereum qui quotidie usque [in perpetuum] ardebit ante altare Sanctæ Mariæ, supra pedemt altaris, *et ardebit* usque ad Ite Missa est (VIII, 1250).

pro ut hic mea donatio fuisset

(1) Le copiste avait écrit d'abord *rectoris*, qu'il a surchargé.

(2) Tout ce passage nous parait ajouté pour les besoins de la cause débattue en 1626 entre les Jésuites, successeurs des religieux de Tiron, et les seigneurs de Basqueville.

magis firma, et *in statu incolumis* perseveret,

    hæcque omnia et singula *prævisis monachis* et eorum successoribus *cunctis* illibata *teneantur temporibus* in futurum
et *omnis* in posterum tollatur occasio malignandi, *in horum omnium testimonium*, Ego, Guillelmus Martel, de consilio et *mea* voluntate, *et* fratrum meorum, Gaufridi et Ilarii, qui hanc donationem meam devote et liberaliter *dimiserunt* et laudaverunt, *præsentes litteras* sigilli mei munimine *et auctoritate* confirmavi

His præsentibus Goffrido præfere, Helya Casuel, Gisliberto de Sillot, presbyteris ; radulpho dosovilla, Rogerio de petravilla, militibus ; hugone de clavilla, Galtero allot, Eustachius, laicis et aliis pluribus (1)
Datum et actum *apud Basquevillam* hoc anno ab incarnatione domini millesimo centesimo trigesimo tertio, *secundâ die maii*, regnante rege francorum ludovico, principante in normannia rege anglorum henrico.

magis firma, et *instanter permaneat, et semper incolumiter* perseveret (VIII, 1250, *texte de la copie de J. Marion*).
... hæc omnia et singula *præmissa ipsis Religiosis* et eorum successoribus *firma et* illibata *permaneant* in futurum (IV, 1192),
et *omnibus* in posterum tollatur occasio malignandi, Ego, Guillelmus Martel, de consilio et *mera* voluntate fratrum meorum, Gaufridi et Hilarii, qui hanc donationem meam devote et liberaliter *concesserunt* et laudaverunt, *præsentem paginam* sigilli mei munimine et *subscripto, testium testimonio et approbatione* confirmavi (IX, 1300).

Actum *est* hoc anno ab incarnatione Domini mo co xxx tercio, regnante rege francorum Ludovico, principante in Normannia rege Anglorum henrico, *Pontificatus vero nostri anno iiijo* (I, 1133).

Collacion faicte sur loriginal en parchemin dont la copie est cy dessus transcripte et lequel original est sellé de cire enchasse dans ung estuy de fer blanc y attaché et pendant auec couroye de fil rouge sur laquelle cire est emprain trois marteaulz ez escuzon autour duquel il y a quelque

(1) Ces noms sont pris au hasard dans les chartes précédentes, sans aucun souci des dates ni de la relation entre les noms, prénoms et qualités des personnages auxquels le faussaire les a empruntés.

escripture laquelle mest inlezible qui sont les armes antiennes et presentes de la maison seigneurialle dudit basqueville par moi Jehan
dedun tabellion en la sergeante dudit basqueville Ce jourdhy Vendredy
dix septme apuril mvje vingt six instance et requeste de damelle Margte
Martel sœur et procurate de messire Charles Martel cheuallier seigneur
et chastelain dudit basqueville por le seruice quil appartendra, a
laquelle damle loriginal a esté restitué qme (1) mr lauait prescrit

MARGUERITE MARTEL

J. DEDUN

OBSERVATIONS

Aucun doute n'est possible sur la fausseté de cette
charte.

Quels sont les auteurs de la fraude ?

Ce ne peuvent être évidemment ni les religieux de
Tiron, ni les Jésuites, leurs successeurs, mais bien leurs
adversaires : Charles et Marguerite Martel; le tabellion
Jehan Dedun ne fut que leur complice, peut-être involon-
taire. C'était leur homme, car bien souvent dans les actes
de ce temps il prend la qualification de *recepveur de Mgr* (2);
nous inclinons pourtant à croire qu'il fut dupe et non
coupable.

Il nous l'apprend lui-même : C'est « damoiselle Mar-
« guerite Martel » qui lui a présenté l'acte en lui en
demandant une copie authentique « por le service qu'il
« apartendra »; et, la copie à peine terminée « l'original
« a esté restitué, *comme monseigneur lavoit prescrit* »: Sage
précaution; en effet, l'original restant aux mains de Jehan

---

(1) Abbréviation de *comme.*

(2) Reg. des baptêmes (à la mairie de Bacqueville) — Jehan Dedun
y figure assez souvent comme parrain, soit au nom de Charles Martel
(22 oct. et 8 déc. 1590), soit avec Mesdemoiselles de Basqueville
(passim).

Dedun on pouvait craindre qu'il ne tombât sous des yeux plus clairvoyants : mais la copie authentique pouvait suffire en justice et remplacer l'original destiné à disparaître par suite d'un *accident* quelconque, comme avait déjà disparu cette « escripture » du sceau, devenue, pour cause, « inlezible » avant qu'il fût mis aux mains du tabellion trop naïf.

Le notaire du XIXe siècle réclamera-t-il le bénéfice de la même naïveté? L'érudit se couvrira-t-il du prétexte d'ignorance ?

Il faut regarder dans un sceau autre chose que « l'escripture; » sa forme et les emblêmes qu'il porte sont, dans l'espèce, concluants.

M. Hellot l'a fort bien remarqué : « Ceci contredit « l'opinion de M. Deville, d'après laquelle l'introduction « du système armorial en Normandie ne remonterait pas « plus haut que la deuxième moitié du XIIe siècle (1). » Et il ajoute aussitôt : « Cpr. (2) toutefois 75. » Et, à la note 75, nous constatons qu'en 1205 (*soixante-douze ans* après la charte attribuée à Guillaume I), Guillaume II ne se servait encore que d'un sceau non armorié : « Ce sceau « représente un personnage à cheval tenant une coupe (?) « à la main, en exergue : SECRET. WILL. MARTEL. (3). »

(1) *Essai sur les Martel*, p. 9, note 41.

(2) Cette contraction inusitée et peu lucide de « *Comparer* » est substituée partout dans l'*Essai sur les Martel* au vieux sigle si connu : « Cf., » abrégé de *confer* (reportez-vous à...), dont la signification plus large est presque toujours plus exacte. L'ignorant ne comprend pas mieux, mais l'érudit ne comprend plus du tout.

(3) Nous avons souhaité savoir ce que pensait de cette empreinte M. G. Demay, le célèbre sigillographe; nous transcrivons sa réponse: « Un personnage à cheval tient en effet une coupe. Mais le champ « du sceau est constitué par une pierre gravée du Bas Empire. Nous « avons affaire ici à un personnage mythologique de la famille des

Ceci, loin de la contredire, appuyait fortement l'opinion
de M. Deville, et dès lors il eût été sage de se méfier de
Jean Dedun et d'étudier à fond la charte : un travail persévérant eût bientôt montré la valeur de ce *centon* maladroit.
Mais il était si doux de corriger M. Deville !

Il est vrai que celui-ci n'est pas tout à fait exact en
avançant que l'emploi des signes héraldiques dans les
sceaux ne remonte en Normandie *qu'à la deuxième moitié
du XIIe siècle ;* il eut mieux fait de dire : *à la fin du XIIe siècle.*

Il résulte en effet des nombreuses recherches dont les
sceaux ont été l'objet dans ces vingt dernières années, que
le plus ancien blason connu qui se trouve sur un sceau
normand, celui de Baudouin de Mortagne, remonte seulement à 1191 ; et que, même dans toute la France, on ne
connaît point encore de sceau armorié authentique antérieur à celui de Philippe d'Alsace, comte de Flandre,
datant de 1170.

Quant aux sceaux dont le blason est « emprain ez ecu-
« zon » pour parler comme Jean Dedun, il n'y a réellement d'écusson bien formé qu'au milieu du XIIIe siècle ;
jusque-là les sceaux armoriés affectent la forme d'un cœur,
encore cette forme ne se montre-t-elle en France qu'en
1193, et pour la première fois en Normandie en 1205.

« Silène, encastré dans une légende du XIIe siècle, avec laquelle il ne
« présente aucun rapport.

« Le cas n'est pas très rare : j'en ai catalogué près de quatre cents
« d'analogues. » — Lettre du 4 novembre 1882.

Remarquons en passant cette inscription *du douzième siècle*, qui nous
reporte précisément au temps de Guillaume I.

Que M. Georges Demay veuille bien accepter ici l'hommage de
notre gratitude, non-seulement pour la bienveillance, mais aussi pour
l'empressement, avec lequel il a mis à notre disposition sa science
inépuisable de spécialiste.

Nous empruntons tous ces détails à un savant mémoire de M. Georges Demay, antérieur de trois ans à la publication de l'*Essai sur les Martel*.

Mais, dans cette malheureuse charte, le sceau n'était pas seul à trouver un contradicteur.

M. Hellot remarque, avec beaucoup de raison, que celle de Hugues d'Amiens *en diffère beaucoup*, et que la charte de Rotrou de Warwick *obscurcit encore la situation*.

Il sait fort bien du reste que ces deux derniers diplômes figurent dans tous les cartulaires et toutes les copies connues d'origine tironienne ; que même nous avons encore *l'original* de Hugues d'Amiens (1) ; d'autre part, que la charte du 2 mai 1133 « manque dans le cartulaire de « l'abbaye de Tyron (Archives d'Eure-et-Loir) et dans la « copie avec additions de la B. N. (Bibliothèque Natio- « nale) (2). »

La situation est donc bien nette, et la question peut se poser ainsi :

Étant données deux chartes absolument contemporaines, en désaccord sur plusieurs points, malgré la prétention qu'elles ont de se confirmer ;

L'une de ces chartes figurant dans tous les recueils connus, l'autre n'apparaissant dans aucun d'eux, mais seulement dans une copie moderne fort incorrecte ;

La première étant de plus actuellement représentée par un original, que tout le monde peut voir et vérifier, mais dans lequel jusqu'à ce jour les meilleurs paléographes n'ont

---

(1) *Essai sur les Martel*, p. 253, note 660.
(2) *Ibid.* p. 249, note 655.

signalé aucun symptôme extrinsèque ni intrinsèque de fausseté ;

La seconde seulement entrevue, il y a deux cent cinquante ans, par un obscur tabellion de village, qui l'a transcrite au pied levé, sans seulement la comprendre, comme il appert des fautes de latin qui fourmillent dans sa copie, seul vestige qui nous en reste ;

A laquelle de ses deux chartes doit-on donner la préférence ?

La réponse n'est pas douteuse : M. Hellot choisit sans hésiter.... la copie du tabellion !

Ah . 'est que l'original est signé d'un archevêque.

Nouvel et déplorable exemple de cette *prêtro-phobie* qui éclate en toute occasion ; mais aussi qui presque toujours est punie par ses excès mêmes.

L'*Essai sur les Martel* dénote chez son auteur la plupart des qualités qui font un excellent critique ; il en est deux qui lui manquent : La bienveillance et l'impartialité :

Le désir de signaler chez les autres des erreurs, la haine du catholicisme, la passion anti-religieuse lui ont fait gâter son livre.

C'est un juste châtiment, que les anciens connaissaient bien, et qu'ils ont ainsi défini :

Quos vult perdere Jupiter dementat.

III.

Avant d'aller plus loin, plaçons sous les yeux du lecteur un tableau comparatif des résultats que nous croyons acquis.

Attributions et dates *de l'Essai sur les Martel.*	*Attributions et dates* *à déduire de ce qui précède.*
I. Hugues d'Amiens, 1133.	I. Hugues d'Amiens, fin de 1133 ou commencement de 1134 (nouveau style).
II. Guillaume I Martel, 4 des Ides de Mai (12 Mai) 1130 (1).	II. Guillaume I Martel, Ides de Mai (15 Mai) 1134.
III. Rotrou de Warwick, 1165-1183.	III. Rotrou de Warwick, 1171-1176.
IV. Guillaume II Martel, 1188.	IV. Guillaume II Martel, 1188.
V. Guillaume II Martel, 8 des Calendes d'Avril (25 Mars) 1192.	V. Guillaume II Martel, 8 avant les Calendes d'Avril (24 Mars) 1192.. [*Cette charte nous paraît suspecte.*]
VI. Guillaume II Martel, 1201.	VI. Guillaume II Martel, 1201.
VII. Guillaume de Saint-Ouen, avant 1133.	VII. Guillaume de Saint-Ouen, après 1208.
VIII. Alain Martel, 2 mai 1250.	VIII. Alain Martel, 2 mai 1250 (?) plus probablement 1205. [*La copie semble incorrecte en ce qui concerne la date, qui, par suite, reste douteuse*].
IX. Guillaume III Martel, 1300.	IX. Guillaume III Martel, certainement avant 1214, probablement 1200. [*Même observation.*]
X. Guillaume I Martel, 2 mai 1133.	X. [*Évidemment fausse.*]

(1) Ici encore il eût fallu traduire : « Le quatre *avant* les Ides de Mai, » et indiquer « le *onze* mai » comme jour correspondant.

Le lecteur a pu remarquer que toutes ces pièces, sauf la dernière, proviennent d'un même chartrier : celui de Tiron ; et cependant la plus ancienne rappelle que l'abbaye du Pin a possédé quelque temps Bacqueville. Nous aurions voulu découvrir quelques traces des relations de Bacqueville avec le Pin, ou tout au moins les motifs qui ont pu déterminer les fondateurs de notre monastère à faire venir du Poitou des religieux pour le peupler.

Nos recherches ont été vaines, et les fouilles minutieuses faites à notre intention par M. le chanoine Auber, l'historiographe si connu du diocèse de Poitiers (1), dans la précieuse collection de pièces de Dom Fonteneau (2) n'ont eu d'autre résultat que de nous amener à la triste conviction qu'à moins d'une chance heureuse, difficile à espérer, l'histoire des premiers rapports entre Bacqueville et le Pin ne sera jamais bien connue.

C'est ce qui ressort de deux lignes du laborieux bénédictin, insérées à la suite de son récit des ravages exercés par les Huguenots, sous la conduite de Coligny, aux environs de Poitiers, durant le siège de 1569.

Après avoir rappelé le sac de l'abbaye du Pin, Dom

(1) Nous nous félicitons d'avoir eu cette occasion de découvrir dans le savant archéologue un Normand de vieille race. Le chanoine Auber est le petit-neveu du fameux Auber de Vertot ; il est parent de ces Auber qui conduisirent les premiers aux Indes et au Canada les navires de Jean Ango, dont la femme était une Auber ; il porte encore les armes de ces Auber qui furent pendant quatre siècles l'honneur du Parlement et du Chapitre de Rouen, et il en a l'aimable caractère.

Aussi, garderons-nous toujours parmi nos plus chers souvenirs, celui de la correspondance à laquelle ont donné lieu ces recherches sur Bacqueville.

(2) Cette collection, dont *les débris* (qui ne comprennent pas moins de quatre-vingt-sept volumes in-folio) ont été recueillis par la Société des Antiquaires de l'Ouest, est aujourd'hui conservée à la Bibliothèque municipale de Poitiers. Elle est munie de bonnes tables, dressées par les nouveaux bénédictins de Ligugé, grâce à l'initiative de M. le chanoine Auber.

Fonteneau ajoute avec tristesse : « *Chartularium et pené*
« *omnes authenticæ* (1) *hujus monasterii periére* (2). »

Periére ! rien donc à attendre du Pin.

Hélas ! triste rapprochement : Tandis que son abbaye-
mère était ainsi saccagée, le prieuré de Bacqueville avait
aussi ses épreuves. Les mêmes Calvinistes s'y étaient
installés, ils avaient mis la main sur les biens accordés aux
religieux par leurs ancêtres. L'intérêt qu'eurent alors les
nouveaux occupants à faire disparaître les pièces qui auraient
pu servir de base à une revendication explique assez pourquoi, vingt ans plus tard, le chartrier de Bacqueville ne
possédait plus aucun titre qui pût fournir quelques lumières
sur l'origine du prieuré, sur ses droits et ses possessions.

De là l'obscurité qui plane sur cette époque ; de là aussi
l'embarras où se trouvèrent les Jésuites pour établir et
constater ses revenus et ses charges.

L'historiographe des Martel insinue à plusieurs reprises
que ces Pères s'appliquaient à embrouiller la question.
N'auraient-ils pas été victimes et non coupables ?

Un curieux document, échappé sans doute aux recherches
de l'historien de Bacqueville, nous permet de le supposer.

Les historiens du temps racontent que le P. Cotton,
confesseur de Henri IV, fut accusé d'être l'auteur d'un
questionnaire ridicule, trouvé, disait-on, dans un livre
emprunté par ce Père à un conseiller-clerc au parlement de Paris. Cet écrit singulier, dont l'authenticité ne put être démontrée, comprenait une série
de soixante-et-onze questions, préparées, assurait-on,
pour être posées au démon par l'entremise d'une possédée
qu'il s'agissait d'exorciser.

(1) Il faut sous entendre *chartæ*.
(2) Dom Fonteneau, t. 73, p. 179.

Le P. Cotton, entre autres choses, se serait proposé d'interroger le diable *au sujet de Basqueville* (1).

Encore une fois, le document nous paraît des plus apocryphes, mais, que le P. Cotton en soit ou non l'auteur, on n'en peut pas moins conclure que, lorsque cet écrit fut lancé dans le public, nul n'ignorait l'embarras des Jésuites au sujet de Bacqueville. On ne leur eût pas attribué une semblable question, si l'on eût pu supposer qu'ils fussent les fauteurs du désordre que leur reproche M. Hellot ; et après tout, quelque partialité que le notaire honoraire laisse percer pour Charles et Marguerite Martel, il ne pourra disconvenir que ce ne sont pas les Jésuites qui firent, en 1626, fabriquer des pièces fausses « por lusage quil « apartendra. »

Qu'on nous pardonne la digression où nous ont entraînés les longs développements de l'*Essai sur les Martel* à propos des procès où la charte prétendue du 2 mai 1133 joua un rôle si considérable : nous touchons à nos conclusions.

IV.

Des documents qui précèdent, réduits à leur juste valeur, il nous semble qu'on peut déduire, sans pouvoir les outrepasser, les affirmations suivantes (2) :

1° L'existence d'un prieuré à Bacqueville n'est constatée par un document authentique qu'à partir de 1133.

(1) *Mémoires de Sully* (Londres, 1757), t. VI, p. 276.

(2) Nous n'avons pas cru nécessaire de renvoyer aux pages précédentes ; les dates fournissent au lecteur une indication suffisante pour qu'il lui soit aisé de recourir aux chartes sur lesquelles sont appuyées les propositions qui vont suivre.

M. Vitet n'indiquant point la source où il aurait trouvé mention de ce prieuré dès l'époque carlovingienne, on ne peut ni contrôler, ni discuter son assertion, dont il reste seul responsable.

2° Nicolas de Bacqueville n'a été ni le fondateur, ni le restaurateur du prieuré de Sainte-Marie ; cette fondation, plus jeune d'un demi-siècle, remonte seulement à Guillaume I Martel, petit-fils de Nicolas.

Nous en avons pour preuve nos cinq premières chartes, qui rappellent toutes Guillaume I Martel, sans jamais faire mention de ses antécesseurs (1).

3° On ne voit nulle part (sinon dans une charte fausse) qu'avant les religieux du Pin, d'autres aient occupé Bacqueville.

La réserve stipulée pour les moines de Saint-Wandrille dans l'acte de Hugues d'Amiens, si elle prouvait quelque chose, indiquerait, ce nous semble, qu'ils n'eussent pas abandonné le prieuré de Bacqueville, s'ils l'avaient possédé jamais, puisqu'ils étaient si jaloux de conserver leurs droits en ce pays.

4° La fondation du prieuré de Sainte-Marie parait pouvoir être fixée vers l'année 1125, avec un écart possible de quatre ou cinq ans au plus : elle ne peut être en effet, ni antérieure à 1120, ni postérieure à 1130.

La première date est indiquée par la fondation même de l'abbaye du Pin ; la seconde par le voyage que fit à Bacqueville l'abbé Guillaume de Forges. Ce voyage est certainement antérieur à 1130, puisque la fondation de Beaumont-

(1) Il y est bien question de la mère de Guillaume, mais seulement comme concourant à la fondation de son fils.

le-Perreux, qui remonte à cette année-là, fut une de ses conséquences (1).

5° C'est seulement en 1134 que Bacqueville fut détaché du Pin d'une manière définitive.

Y a-t-il quelque rapport entre cette séparation et les voyages de Guillaume de Forges, en 1130 et en 1134 ? rien n'autorise à l'affirmer. Nous inclinons à croire que la véritable cause du départ des Cisterciens fut le peu d'étendue des terres cultivées dépendant du prieuré.

6° L'église de Sainte-Marie, en dehors des dépendances qui constituaient l'habitation des moines, ne possédait que six acres de terre, ce qui était insuffisant pour des religieux appliqués spécialement à la culture :

Les bénédictins, au contraire, pouvaient s'en accommoder ; ils en firent, au moins pendant quelque temps, une maison de retraite pour ceux de leurs vieillards dont la santé réclamait des dispenses incompatibles avec la vie commune. C'est ce qui ressort notamment des visites et des enquêtes de l'archevêque Eudes Rigaud, du 14 janvier 1259 et du 15 septembre 1261 (2).

7° A partir de 1133, les terres et les revenus du Prieuré vont grandissant, sans être considérables.

Nous n'avons pas à insister : un simple coup-d'œil sur nos chartes indique ces développements.

8° La chapelle de Saint-Léonard est mentionnée pour la première fois dans un titre postérieur à 1171, et, dès

(1) Du Plessis, *Descript. géogr. de la Haute-Normandie*, II, 314-315.

(2) *Regestrum Visitationum*, pp. 354, 409, etc. — Il y aurait fort à dire sur la façon dont l'auteur de l'*Essai* a traduit et commenté le Journal d'Eudes Rigaud ; nous y reviendrons peut-être.

1188, le seigneur réclame le droit d'en racheter le patronage. En rapprochant cette réserve du conflit soulevé par Dom Michel Auchier au commencement du XVe siècle, nous inclinons à croire que, jusqu'au temps des Anglais, la chapelle de Saint-Léonard fut la chapelle du château (1).

9° Nous avons déjà remarqué qu'on ne doit affirmer qu'avec la plus grande réserve l'existence au XIIe siècle du marché de Bacqueville.

Abordons maintenant un nouvel ordre d'idées.

V.

Une conséquence des modifications qu'une critique attentive nous a portés à admettre dans les attributions et les dates de nos chartes, c'est la nécessité de modifier sur plusieurs points la généalogie dressée par M. Hellot.

Nous allons, pour plus de clarté, examiner l'un après l'autre chacun des paragraphes du chapitre premier de l'*Essai sur les Martel*, Ire partie.

I. NICOLAS Ier DE BASQUEVILLE, le prétendu fondateur du prieuré de Sainte-Marie, fut père de Geoffroy Ier Martel.

II. GEOFFROY Ier MARTEL, de sa femme *Albereya* (2), aurait eu six fils et une fille :

1° *Guillaume* Ier Martel, fondateur du prieuré, qui suit.

(1) Cf. *Essai sur les Martel*, pp. 302 et 303.

(2) M. Hellot traduit *Alberède* ou *Alberie*; si l'on veut franciser le nom, pourquoi ne pas écrire *Auberie*, qui est la vraie forme française, conservée dans la *Haye-Auberie* ?

Ce nom d'*Albereda* semble indiquer une origine anglo-saxonne, de même que *Alberedus* : ce sont sans doute des corruptions d'*Alfred*, (*Alfredus, Alferedus, Alveredus, Alberedus.*)

2° *Eudes*, *Gautier* et *Baldric* (ou mieux *Baudry*), tous trois témoins de la charte du 15 mai 1134, dans laquelle le premier paraît, comme associé à la fondation de Guillaume.

3° *Geoffroy* et *Hilaire*. Ces deux derniers ne figurant que dans la charte fausse du 2 mai 1133, doivent disparaitre de la liste.

4° La fille se fit religieuse, et son nom est inconnu.

III. GUILLAUME Ier MARTEL, dont l'épouse se nommait *Albereya*, comme sa mère, aurait eu également six fils et une fille :

1° *Geoffroy* II, qui suit, et *Roger* : tous deux sont nommés comme témoins dans la charte de 1134.

2° *Eudes*, *Gautier*, *Eustache* et un autre *Roger*. Ils figurent uniquement dans une charte sans date, relative à la fondation du prieuré de Snapes, en Angleterre.

Nous avouons sincèrement que le passage est tellement obscur qu'il nous semble impossible d'en tirer quelque chose ; et nous nous demandons pourquoi M. Hellot s'est abstenu d'ajouter à la liste des prétendus fils de Guillaume, *Oseberne Martel* et *Jehan de Port*.

Voici le texte avec sa ponctuation (1) ; que le lecteur apprécie :

« ... Hanc eleemosynam confirmavit, cum sigillo suo, Will. Martel. Testes sunt Willielmus Norvicensis episcopus, Walchelinus archidiaconus, Edwardus decanus, Osebernus Martel, Johannes de Port, Rogerus et Eudo et Walt. et Eustachius, et Rogerus, tunc constabularius Eyæ, filii Domini ; Radulfus capellanus, Hubertus presbyter Eyæ, etc.... »

Le rang que tient *Osebernus Martel* est ordinairement

____

(1) *Monastic. Anglican.*, IV, 558, col. 2.

occupé par la famille du seigneur ; cependant M. Hellot néglige entièrement ce personnage.

Il attache au contraire une importance qui nous semble excessive à l'expression *filii domini*. Celle-ci cependant est bien vague ; et, outre qu'elle ne semble pas viser nécessairement Guillaume, elle nous paraît de nature à se prêter à plus d'une interprétation.

Ne faut-il pas opter entre les termes de ce dilemme :

Ou suivre ponctuellement le texte, et alors tous les personnages qui précèdent *Radulphus* seraient des fils du seigneur, ce qui est inadmissible ; ou renoncer à une lecture entachée d'inexactitude, pour chercher un sens plus plausible, mais alors conjectural.

On pourrait, par exemple, modifier la ponctuation, substituer un point-et-virgule à la virgule qui suit *constabularius Eyæ* ; par suite les fils du seigneur seraient, non plus nommés, mais simplement désignés par une expression collective.

Il est aussi permis de supposer une transposition : elles sont fréquentes dans les copies. Que l'on ramène *filii domini* après *Rogerus et Eudo*, et l'on aura fait disparaître ce qu'il y a d'anormal dans ces deux fils d'un même père portant tous deux le même nom de *Roger*.

Que cela soit arbitraire, nous en convenons volontiers, mais il ne l'est pas moins (et il est moins logique) de refuser à Jehan de Port et à Oseberne Martel le titre de *fils du seigneur*, en l'accordant aux autres personnages.

3° La seule fille connue de Guillaume I épousa *Alberedus* (Alfred ou Auvray) de Lincestre.

IV. G**EOFFROY** II M**ARTEL**, de son épouse *Philippa*, eut trois fils :

— 56 —

1° *Guillaume II*, qui suit.

2° *Geoffroy* et *Alain*, nommés tous deux comme témoins de la charte de leur frère en 1188. En outre, le second nous parait être l'auteur de la charte attribuée par Jacques Marion à l'an 1250 et que nous sommes très enclin à ramener en 1205 ; d'autant plus qu'en première ligne, figurent, parmi les témoins, un *Guillaume Martel* et un *Geoffroy W* ? (1) qui rappellent les frères d'Alain.

3° Faut-il ajouter *Hilaire* ? Nous ne nous y opposons pas ; bien que nous ayons déjà dit qu'*Ilarius* peut bien n'être qu'une mauvaise lecture d'*Alanus*.

V. GUILLAUME II MARTEL épousa *Jehanne d'Auffay* ; on ne lui connait qu'un fils :

Geoffroy III, qui suit.

Nous avons remarqué plus haut que *Guillaume Martel*, clerc, témoin de la charte de Guillaume-de-Saint-Ouen, pourrait être un frère de Geoffroy et un fils de Guillaume II.

VI. GEOFFROY III MARTEL, dont la femme est inconnue ; M. Hellot lui attribue cinq fils :

1° *Guillaume III*, son successeur.

2° *Geoffroy Martel*, dont l'épitaphe est parvenue jusqu'à nous (2) :

Cy gist monseigr Giesfrei Martel pbre iadis personne de Bouanel* sgnr de Brachi qui deceda lan de grace m.ccc.xbiij. ce xbij. du mois de mars. Dex ait merci de same (de son âme). Amen.

M. Hellot ajoute (en *) l'épithète de *chevalier*, assez bizarre

(1) La copie est si incorrecte qu'on ne peut guère prendre souci du W ; ce peut être un M retourné.

(2) Archives de la Seine-Inférieure, liasse D 195.

avec la qualification de *prêtre* (1), et dont, pour notre part, nous ne trouvons point trace dans la copie des archives. Notre auteur veut aussi que le même Geoffroy ait figuré comme témoin dans une charte de 1300 ; nous avons déjà dit que cette date est inacceptable et qu'il faut très probablement la remplacer par 1200 ; le Geoffroy de cette charte est donc le frère de Guillaume II.

3° *Hilaire Martel*, qui figure également dans la charte *dite* de 1300. Nous le reportons à 1200, et nous le retrouvons dans la charte *douteuse* de 1192, toujours uni avec Geoffroy.

4° *Jehan Martel* : il ne figure pas dans nos chartes, et ce n'est pas étonnant, puisqu'elles ne dépassent pas le milieu du XIII° siècle : cette omission est une preuve de plus en faveur de notre thèse.

5° *Alain Martel*, pour nous, le frère de Guillaume II.

Nous nous arrêtons ici, notre intention n'étant pas de réviser jusqu'au bout toute la série des Martel (2), mais seulement les générations qui peuvent figurer dans nos chartes ; traçons donc de nouveau un tableau comparatif.

---

(1) L'une en effet suppose l'usage ordinaire des armes, que la seconde interdit. La même contradiction n'existe pas entre les titres de *personne* (c'est-à-dire *curé*) et de *seigneur*, qui désignent toutes deux une simple juridiction.

(2) Plus d'un détail cependant demanderait révision.

Comment concilier, par exemple, avec l'*Essai sur les Martel*, cet acte de baptême, que nous copions sur les Registres de la Mairie de Bacqueville : « Le huit dudit moys (Janvier 1591), baptizé un filz a Jehan « Petit... nommé Charles par damoyselle Marguerite *fille du feu Sgr* « *de basqueville...* »

Et si Charles III Martel n'entra en possession de la seigneurie de Bacqueville qu'après la mort de Jehanne de Segrestain (1598), comment, le 27 mai, le 22 octobre, le 8 décembre 1590, et le 11 mai 1592, trouvons nous pour parrain « noble homme Charles Martel *Sgr de Basque-* « *ville*, » en même temps que pour marraine « dame Joachime de « Rochoard, dame de Rame. »

S'il s'agissait ici de Charles Martel de Rames, est-ce que son épouse ne porterait pas comme lui le titre de *dame de Basqueville ?*

GÉNÉALOGIE DES MARTEL :

<table>
<tr><td>D'après M. Hellot.</td><td>D'après nos conclusions.</td></tr>
<tr><td>—</td><td>—</td></tr>
<tr><td>I. NICOLAS DE BASQUEVILLE.
Geoffroy I.</td><td>I. NICOLAS DE BASQUEVILLE.
Geoffroy I.</td></tr>
<tr><td>II. GEOFFROY I MARTEL :
1. Guillaume I,
2. Eudes,

3. Gautier,
4. Baldric,
5. Geoffroy,
6. Hilaire.</td><td>II. GEOFFROY I MARTEL :
1. Guillaume I,
2. Eudes,

3. Gautier,
4. Baudry,
à supprimer,
»</td></tr>
<tr><td>III, GUILLAUME I :
1. Geoffroy II,
2. Roger,
3. Eudes,
4. Gautier,
5. Eustache,
6. Roger.</td><td>III. GUILLAUME I :
1. Geoffroy II,
2. Roger,
très douteux,
«
«
«</td></tr>
<tr><td>IV. GEOFFROY II :
1. Guillaume II,
2. Geoffroy,
3. Alain.</td><td>GEOFFROY II :
1. Guillaume II,
2. Geoffroy.
3. Alain,
4. Hilaire (si ce n'est pas le même que Alain.)</td></tr>
<tr><td>V. GUILLAUME II :
1. Geoffroy III.</td><td>V. GUILLAUME II :
1. Geoffroy III.

2. Guillaume (douteux).</td></tr>
<tr><td>VI. GEOFFROY III :
1. Guillaume III,
2. Geoffroy,
3. Hilaire,
4. Jehan,
5. Alain.
etc.</td><td>VI. GEOFFROY III :
1. Guillaume III,
2. Geoffroy,
à supprimer,
3. Jehan.
à supprimer,
etc.</td></tr>
</table>

EPILOGUE

ANS autre raison apparente que le désir de remplir une page blanche, l'auteur de l'*Essai sur les Martel* termine son livre par une charge à fond contre le Moyen-Age, et plus spécialement contre le siècle de saint Louis.

Assurément, nous ne contestons pas à l'honorable M. Aug. Le Prevost le mérite d'avoir été « l'un des restau- « rateurs des études historiques en Normandie ; » mais il nous sera, croyons-nous, permis de faire observer que, depuis leur restauration, ces études n'ont pas été sans faire quelques progrès.

Voici comment s'exprime sur la même question un écrivain plus moderne :

« Le roi fut dignement récompensé de son dévouement.
« Jamais prince ne fut plus aimé de ses peuples et ne vit
« son autorité plus respectée à l'intérieur et à l'étranger.
« A AUCUNE ÉPOQUE DE NOTRE HISTOIRE LA FRANCE
« N'APPARAIT PLUS TRANQUILLE ET PLUS HEUREUSE QUE
« SOUS LE RÈGNE DE SAINT LOUIS. »

Puissent les historiens futurs en dire autant des jours où nous vivons ! mais si, en attendant le jugement des siècles, il convient à M. Hellot de contester l'opinion précitée, qu'il s'en prenne à son auteur (1).

(1) L. DELISLE, *Les Voyages de saint Louis en Normandie,* dans les *Mém. de la Soc. des Antiq. de Normandie,* XX, 163.

TABLE

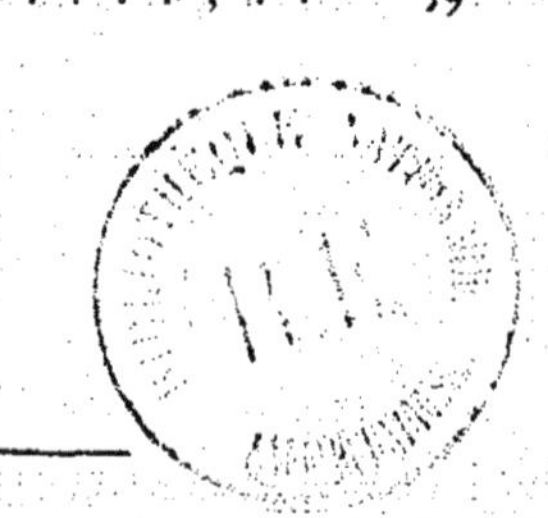

Achevé d'imprimer

LE TRENTE DÉCEMBRE MIL HUIT CENT QUATRE-VINGT-DEUX

PAR

PAUL LEPRÊTRE & Cie,

IMPRIMEURS A DIEPPE.